AF302548

Michel-Ange

Œuvres écrites

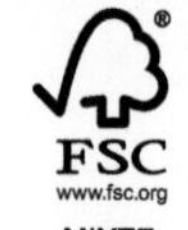
FSC
www.fsc.org
MIXTE
Papier issu
de sources
responsables
Paper from
responsible sources
FSC® C105338

Michel-Ange

Œuvres écrites

Traduction Auguste Boyer d'Agen

transbordeurs

© 2024 **transbordeurs**

transbordeursediteur@gmail.com

Édition : BoD • Books on Demand GmbH, In de Tarpen 42, 22848 Norderstedt (Allemagne)

Impression : Libri Plureos GmbH, Friedensallee 273, 22763 Hamburg (Allemagne)

ISBN : 978-2-3224-7737-1

Dépôt légal : septembre 2024

Poésies

Sonnets

I

Non ha l'ottimo artista…

Tout ce qu'un grand artiste peut concevoir, le marbre le renferme en son sein ; mais il n'y a qu'une main obéissante à la pensée qui puisse l'en faire éclore.

De même tu recèles en toi, beauté fière et divine, et le mal que je fuis et le bien que je cherche ; mais l'effet de mes soins est contraire à mes vœux, et c'est ce qui me donne la mort.

Je n'accuserai donc de mes maux ni le hasard, ni l'amour, ni tes rigueurs, ni tes dédains, ni le sort, ni tes charmes,

Quand tu m'offres à la fois, dans ton cœur, la mort avec la vie, et que mon génie impuissant ne sait y puiser que la mort.

II
Non vider gli occhi miei…

Non, ce ne fut pas un objet mortel qui s'offrit à ma vue, quand le doux éclat de tes yeux vint me frapper pour la première fois ; et mon âme espéra trouver en eux la paix du ciel, seule fin qu'elle se propose.

Cette âme ardente, que ne peut satisfaire une beauté périssable et trompeuse, déploie ses ailes vers les cieux d'où elle est descendue, et s'élance à la source même de la beauté universelle.

Ce qui est sujet à la mort ne saurait offrir de bonheur au sage ; il ne doit point s'attacher à ce que le temps peut flétrir.

Les désirs effrénés des sens, ces désirs qui tuent l'âme, ne sont pas de l'amour. L'amour épure nos âmes ici-bas ; après la mort, il les divinise.

III
La forza d'un bel volto…

Par la puissance de la beauté qui seule me charme ici-bas, je prends l'essor vers les cieux ; et je monte vivant au milieu des élus, faveur rarement accordée aux mortels.

La créature est tellement en harmonie avec le créateur, que je m'élève par de sublimes pensées jusqu'à Dieu même, au sein de qui je puise mes paroles et mes sentiments, plein du feu dont je brûle pour cette noble dame.

Si mes regards ne peuvent se détacher des siens, c'est que je reconnais en eux seuls le flambeau qui doit me guider vers Dieu,

Et qu'embrasé des feux dont ils brillent, je goûte, au milieu de ma flamme, cette ineffable joie qui sourit éternellement dans le ciel.

IV
Molto diletta al gusto...

Combien il plaît, quand on sait le juger, cet art sublime qui, saisissant à la fois les traits et les attitudes, nous offre, dans des membres de cire, ou de terre, ou de marbre, un être presque animé !

Si jamais le temps outrageux et barbare mutile, brise ou détruit ce chef-d'œuvre de l'art, sa beauté première revit dans la pensée où elle ne s'est pas imprimée en vain.

Aussi tes divins attraits, image de la perfection qui embellit le ciel même, s'offrent à nous sur la terre comme une œuvre de l'artiste éternel.

Quand ils auront souffert les injures du temps, ils n'en seront que plus profondément gravés dans mon cœur passionné pour ce beau que, ni les ans, ni les hivers, ne peuvent jamais changer.

V

Non so se e's'è...

Est-ce l'éclat ravissant du créateur suprême qui me frappe, qui me saisit ? Est-ce quelque autre beauté que mon imagination ou ma mémoire vient offrir à mon cœur ?

Est-ce enfin la lumière brillante, dont rayonnait mon âme dans son état primitif, qui, rejaillissant en elle aujourd'hui, y cause cette impression brûlante d'où semblent naître mes pleurs ?

Ah ! j'ignore ce que je sens, ce que je vois, ce qui m'entraîne : la cause en est hors de moi ; je crois l'apercevoir chez un autre, et ne puis l'expliquer.

Femme adorable ! ce je ne sais quoi qui m'agite, cette douceur mêlée d'amertume, je l'éprouve depuis que je vous ai vue. Vos yeux seuls en sont donc la cause ?

VI

Non è colpa mai sempre...

Non, cet ardent amour, qu'allume en notre sein une beauté ravissante, n'est pas toujours coupable envers Dieu, si le cœur, attendri peu à peu par ce doux sentiment, n'en devient que plus accessible aux traits de la divine lumière.

L'amour nous ranime et nous excite ; il nous donne des ailes pour voler aux plus hautes régions ; et souvent sa brûlante flamme est le premier degré d'où l'âme, inquiète ici-bas, s'élance vers le créateur.

Ah ! celui que tu inspires n'a rien de vain ni de fragile : tous ses désirs sont élevés ; c'est le seul qui convienne à un cœur noble et vertueux.

Cet amour rapproche l'homme des cieux, l'autre le rabaisse à la terre ; le premier a son siège dans l'âme ; le second, dans les sens, ne tend jamais qu'aux choses basses et méprisables.

VII

Ben puo talor col mio…

Oui, sans crainte d'être déçu, je sens que l'espoir, dans mon âme, peut quelquefois égaler le désir ; car Dieu ne nous 381 eût pas mis en ce monde si toutes nos affections avaient dû lui déplaire.

Et qui pourrait mieux justifier mon amour pour toi que l'hommage même que j'offre à ce Dieu de paix dont tu tiens les charmes qui t'embellissent, et pour lesquels ton cœur noble ne brûle que des plus chastes feux ?

Seul, il peut concevoir des espérances vaines, cet amour périssable comme l'objet qui l'inspire, parce que sa constance est soumise à la durée de la beauté.

Mais celui que la chute d'une dépouille fragile et terrestre n'éteint ni ne flétrit dans une âme vertueuse, celui-là est vraiment immuable et devient le gage assuré de la béatitude céleste.

VIII

Passa per gli occhi al cuore…

L'image de tout ce qui est beau, de tout ce qui charme, passe, en un moment, des yeux au fond du cœur, par un chemin si doux, si facile, si vaste, que la force et le courage ne peuvent lui résister.

De là, mes craintes et mon inquiétude ; de là, l'effroi que m'inspire toute erreur qui peut égarer l'âme. Où serait ma confiance, quand, parmi les mortels, je ne vois rien qui ne tende aux plaisirs fugitifs de ce monde ?

Peu d'hommes purifient leur cœur aux saintes flammes du ciel. Et toutefois, l'amour étant un mal attaché à la vie, quel plus affreux tourment que de vivre,

Embrasé de ses feux, abreuvé de ses noirs poisons, si, par l'effet de sa grâce, Dieu ne ramène enfin sur lui-même cette ardeur passionnée ?

IX

Veggio co'bei vostri occhi…

Vos beaux yeux me font voir une douce lumière dont mes regards voilés n'auraient jamais pu jouir ; votre appui soutient ma faiblesse sous le poids inaccoutumé de l'amour.

C'est vous qui me donnez l'essor ; c'est votre génie qui m'élève incessamment vers le ciel. Faible, abattu, ou plein d'énergie et de force, je suis, à votre gré, brûlant au milieu des frimas, ou glacé sous les feux de l'été.

Je n'ai d'autre volonté que la vôtre ; je puise mes pensées dans votre âme, mes expressions dans votre esprit.

Je ressemble à l'astre des nuits, qui réfléchit seulement à nos yeux l'éclat que le soleil lui prête.

X

Non so figura alcuna…

Ni la réalité, ni la fiction, malgré l'élan de ma pensée, ne m'offrent aucune beauté que je puisse, selon mes désirs, opposer victorieusement à la tienne.

Si je m'éloigne de toi, mon esprit est soudain abattu, mon âme demeure sans force ; et croyant calmer ainsi ma douleur, je ne fais, hélas ! que l'accroître au point de me donner la mort.

Que me servirait désormais de vouloir précipiter ma fuite, si l'image de cette beauté ennemie est sans cesse attachéc à mes pas ? Évite-t-on, par une fuite prompte, une poursuite plus prompte encore ?

Mais l'amour, essuyant mes pleurs d'une main caressante, me promet des douceurs dans mes maux. Ce qui cause tant de peine, en effet, ne saurait être sans prix.

XI

Fuggite, amanti, amore…

Fuyez, amants, fuyez l'amour et ses ardeurs ; sa flamme est âpre, sa blessure mortelle. Qui ne le fuit soudain, lui opposera vainement plus tard le courage et la force, l'absence et la raison.

Fuyez : que le trait mortel qui m'a frappé, ne soit pas pour vous une stérile leçon. Voyez en moi les maux qui vous attendent, et combien sont barbares les jeux de cet enfant.

Fuyez-le, sans tarder, fuyez dès le premier regard. Je crus pouvoir en tout temps obtenir de lui le repos. Hélas ! voyez maintenant le feu qui me dévore.

Insensé celui qui, violemment épris d'une séduisante beauté, égaré par de trompeurs désirs, ferme l'oreille et les yeux à son propre bonheur, pour courir au-devant des traits empoisonnés de l'amour !

XII

Se nel volto per gli occhi…

S'il est vrai que les yeux soient le miroir de l'âme, tu as déjà pu voir dans les miens le feu qui me consume ; et n'est-ce pas assez pour mériter ta pitié, sans recourir aux prières ?

Mais, peut-être plus touchée que je n'ose l'espérer de cette chaste flamme à laquelle je dois mes vertus et ma gloire, tu souris à mon amour, comme digne d'être exaucé par la pureté de ses vœux.

Jour fortuné ! si mon cœur ne s'abuse, que le temps s'arrête soudain ; que le soleil cesse de poursuivre son antique carrière ;

Pour qu'après tant de souffrances, je reçoive le prix si désiré de mon amour, et que je jouisse à jamais dans son ineffable possession.

XIII
Com'esser, donna, puote…

Comment se peut-il (et cependant l'expérience l'atteste) qu'une figure, tirée d'un bloc insensible et brut, ait une plus longue existence que l'homme dont elle fut l'ouvrage ; et qui lui-même, au bout d'une brève carrière, tombe sous les coups de la mort ?

L'effet ici l'emporte sur la cause, et l'art triomphe de la nature même. Je le sais, moi pour qui la sculpture ne cesse d'être une amie fidèle, tandis que le temps, chaque jour, trompe mes espérances.

Peut-être puis-je, ô mon amie, nous assurer à tous deux un long souvenir dans la mémoire des hommes, en confiant à la toile ou au marbre nos traits et nos sentiments.

Mille ans après nous encore, on saura quel fut mon amour pour toi ; on verra combien tu fus belle, et combien j'eus raison de t'aimer.

XIV

S'un casto amor…

Si l'amour le plus chaste, uni à la plus haute piété ; si une fortune, des plaisirs et des maux également répartis entre deux amants qu'un même désir anime ;

Si une seule âme en deux corps, et un même élan vers le ciel ; si une égale flamme, nourrie à la fois dans deux cœurs que le même trait a profondément blessés ;

Si une préférence mutuelle et l'oubli constant de soi-même ; si un amour qui ne veut d'autre prix que l'amour ; si enfin des prévenances, des soins réciproques,

Et un empire mutuellement exercé l'un sur l'autre, sont les indices certains d'un attachement inviolable, un moment de dépit rompra-t-il de tels nœuds ?

XV

Se 'l fuoco fosse…

Si l'amour qu'on puise dans vos yeux égalait leur beauté ravissante, est-il un cœur assez froid qu'une pareille flamme ne consumât tout entier ?

Mais, pour tempérer cette ardeur brûlante et mortelle, le ciel, compatissant à nos maux, nous dérobe en partie l'éclat brillant dont il vous a douée.

Non, l'amour que vous inspirez n'égale point vos attraits ; car l'homme ne peut s'enflammer que pour ce qu'il est capable de voir, d'admirer et de comprendre.

Et moi-même, hélas ! dans ma languissante vieillesse, si je ne vous semble pas assez épris de vos charmes, c'est qu'il ne m'a pas été donné de les connaître pleinement.

XVI

Per esser manco, alta signora…

Voulant paraître, ô noble dame, moins indigne de vos bontés, j'essayai, malgré mon faible génie, de me montrer avec quelque mérite à vos yeux.

Mais, pour accomplir ce dessein, reconnaissant bientôt l'insuffisance de mes forces, je réprimai ce téméraire désir, et l'écueil m'a rendu plus sage.

Comment oser comparer mes œuvres périssables à ces divines faveurs que vous savez dispenser ? Tout leur cède : talent, génie, audace même.

Car il n'est pas au pouvoir d'un mortel de rien produire d'assez beau, ni d'assez précieux, pour dignement reconnaître d'aussi célestes dons.

XVII
Sovra quel biondo crin…

Qu'il est doux, le festin de ces fleurs dont ta blonde chevelure est ornée ! Avec quel orgueil l'une d'elles semble jouir des baisers qu'elle prodigue, la première, à ton front !

Cette robe qui, tout le jour, te couvre de ses plis amoureux ; ces parures d'or qui, de chaque côté, tombent en caressant à la fois ton col et ton visage, ont-elles un sort moins désirable ?

Mais plus heureux encore, dans ses contours voluptueux, est le ruban qui touche et qui presse ce beau sein sur lequel il s'enlace.

Ah ! si, dans la ceinture même qui se noue autour de ta taille, on croit voir le désir de ne s'en jamais détacher, que serait-ce des bras d'un amant ?

XVIII
Quando il principio…

Lorsque, par l'ordre du ciel, la mort ravit au monde celle pour qui j'ai tant soupiré, ceux qui l'avaient connue versèrent des larmes ; la nature, dont elle était le plus bel ouvrage, parut dans la consternation.

Ô destinée contraire à mon amour ! Espérance trompeuse ! Ô esprit pur, dégagé de tous liens ! où es-tu maintenant ? La terre recouvre ton beau corps, et le ciel a reçu ton essence divine.

En vain, la mort cruelle, inattendue, crut pouvoir éteindre avec toi jusqu'au renom de tes vertus : le fleuve d'oubli n'engloutira point ta mémoire.

Privé de toi, le monde possède encore mille écrits qui t'immortalisent, et ses regrets s'adoucissent en pensant que tu quittas cette terre pour aller habiter les cieux.

XIX

Arder solea dentro…

Ils sont rompus, ces liens qu'en apparence l'amour avait formés indestructibles. Un froid mortel a remplacé dans mon sein le feu qui m'embrasait, et mes joies se sont changées en douleurs.

Ce premier amour, qui apporta tant de soulagement à mes peines, oppresse maintenant mon cœur ; et, semblable au corps défaillant qu'un reste de vie abandonne, je demeure immobile et glacé.

Mort impitoyable ! que tes coups auraient de douceur pour de tendres amants, si, quand tu frappes l'un d'eux, l'autre aussi touchait à sa dernière heure !

Je ne traînerai point désormais ma triste vie dans les larmes, et, libre enfin des pensées dont ma douleur s'alimente, je ne ferai plus retentir l'air de mes soupirs.

XX

Qui intorno fit dove…

C'est ici que mon unique bien daigna soumettre à ses lois et mon cœur et ma vie ; ici que ses beaux yeux flattèrent mon espoir ; là que son accueil pour moi fut doux et favorable.

En cet endroit, sa main forma mes chaînes ; dans cet autre, elle les brisa. Ici, je fus dans l'ivresse, et là, dans la douleur. Enfin, c'est de ce rocher que j'ai vu, avec désespoir, s'éloigner celle qui me ravit à moi-même et qui m'a délaissé.

Souvent, je reviens m'asseoir dans ces lieux où mon cœur, pour la première fois, perdit sa liberté ; dans ces lieux que les chagrins, autant que les plaisirs que j'y éprouvai, m'ont rendu chers ;

J'y retrouve des souvenirs, tantôt tristes, tantôt riants, selon que tu te plais, Amour ! à me rappeler les rigueurs ou les bontés de l'objet qui m'enflamme,

XXI

Daî mondo scese…

Descendu de ce monde dans les abîmes ténébreux, le Dante parcourut l'un et l'autre Enfer et, de là, se livrant au sublime effort de la pensée, il s'éleva vivant jusqu'à Dieu même, dont il donna la vraie connaissance aux mortels.

Astre éclatant, ses rayons découvrirent à nos yeux, auparavant aveugles, les mystères de l'éternité. Le prix qu'il en obtint fut celui qu'un monde injuste et coupable ne donne que trop souvent aux hommes les plus grands.

On ne sut point apprécier le Dante, ni son sincère amour pour ce peuple ingrat qui n'est ennemi que des justes. Toutefois, que ne suis-je né pour un semblable destin !

À l'état le plus heureux de ce monde, j'aurais préféré ses vertus et son cruel exil.

XXII
Quanto dirne si dee…

Jamais on ne dira de lui tout ce qu'il en faut dire. L'éclat de son génie fut trop vif pour les faibles yeux des mortels, et il est plus aisé de blâmer le peuple qui l'outragea que de s'élever au moindre éloge d'un tel poète.

Il descendit, pour notre enseignement, dans les royaumes du péché ; et, de là, s'élevant jusqu'à Dieu, les portes du ciel s'ouvrirent devant celui à qui la patrie avait fermé les siennes.

Peuple ingrat ! en faisant son malheur, tu fis le tien ; tu montras que c'est aux plus vertueux qu'est réservé le plus de maux.

Qu'une preuve suffise, entre mille. Jamais il n'y eut d'exil plus injuste que le sien, comme il ne fut jamais d'homme plus grand que lui sur la terre.

XXIII

Io fui, già son molt' anni...

Amour ! tu m'as, il est vrai, mille fois vaincu et mortellement blessé dans ma jeunesse. Mais, aujourd'hui, sous mes cheveux blanchis, puis-je me laisser prendre encore à tes frivoles promesses ?

Hélas ! combien de fois as-tu tour à tour rallumé ou étouffé mes désirs ! Combien de fois m'as-tu vu, le sein baigné de larmes, trembler et pâlir sous tes coups !

Amour ! c'est à toi que je parle et c'est de toi que je me plains. Désabusé de tes flatteurs mensonges, je ne crains plus tes traits cruels ; tu les diriges en vain contre moi.

Que peut la scie ou le ver contre le bois réduit en cendres ? Et n'y a-t-il pas de la honte à poursuivre celui qui manque, à la fois, et d'haleine et de force ?

XXIV

Tornami al tempo...

Amour ! si tu veux que je brûle et souffre encore sous tes lois, rends-moi ce jeune âge où, libre de tout frein, je me livrais aveuglément à tes feux.

Rends-moi cette angélique beauté dont la perte a privé la nature de tous ses charmes. Rends-moi ce besoin inquiet de porter, çà et là, mes pas devenus si tardifs sous le poids des ans. Rends enfin à mes yeux leurs larmes, à mon sein le feu qui l'embrasait.

Mais s'il est vrai que tu vives de pleurs, de ces pleurs doux et amers que versent les mortels, qu'attends-tu désormais d'un vieillard défaillant ?

Il est temps que mon âme, prête à passer sur l'autre rive, soit accessible aux traits d'un autre amour et brûle d'un feu plus noble que le tien.

XXV

Io di te, falso amor…

Amour trompeur ! depuis longtemps, c'est toi qui remplis mon âme, toi qui nourris mon corps en quelque sorte ; car 393 ton magique pouvoir nous soutient, même au bord du tombeau.

Las de ton joug, je m'élève sur les ailes de la pensée, vers un objet et plus noble et plus vrai : je demande à Dieu qu'il me pardonne des fautes dont le souvenir vivra gravé dans mille écrits.

Mon cœur, épris d'une beauté qui n'est point périssable, vient lui-même s'offrir sans défense aux traits de cet amour qui assure l'éternelle vie ;

Qu'il frappe ! ses coups me seront secourables. Je ne veux plus me nourrir que des espérances du ciel, en attendant que la tombe couvre ma froide dépouille.

XXVI
Cavico d'anni e di peccati pieno…

Chargé d'ans, plein de péchés et endurci dans le mal, me voilà, hélas ! près de l'une et de l'autre mort, sans que l'amour ait cessé d'empoisonner mon cœur.

Grand Dieu, si tu ne viens à mon aide, où trouverai-je, selon l'urgence, un guide assuré dans le cours de cette vie mensongère ? Où puiserai-je la force de changer de conduite, et de mœurs, et d'amour ?

Non, Seigneur ! ce n'est point assez d'avoir nourri dans mon âme cet immense désir de retourner au séjour où ta volonté la forma du néant ;

Il faut, de plus, avant que tu la dégages de ses liens mortels, il faut qu'un repentir sincère lui aplanisse la voie du ciel, et la rende plus certaine encore du bonheur qu'elle doit retrouver dans ton sein.

XXVII
Forse perche d'altrui…

Si mon âme, égarée par un guide infidèle, est déchue de sa dignité première, c'est pour m'apprendre peut-être qu'il faut, dans leurs erreurs, plaindre les hommes, au lieu de les blâmer.

Mais, Seigneur, où trouverai-je un appui, si tu me retires le tien ? Privé de ton amour tutélaire, je crains de succomber sous la révolte des sens.

Ah ! que le sacrifice de ta chair, que le mérite de ton sang et de ta fin douloureuse viennent effacer l'originelle tache !

C'est à toi seul que j'ai recours. Prends pitié de mon repentir, pardonne à mes iniquités, quand je suis si près de la mort et si loin de toi, ô mon Dieu !

XXVIII

Scarso d'una importuna…

Détaché du monde, libre enfin du poids importun et cruel qui m'accablait, je viens, Seigneur, comme un frêle esquif 395 battu par la tempête, chercher le calme dans ton sein.

Ta couronne d'épines, tes mains par le fer mutilées, ta douce et divine face outragée, voilà, pour mon âme inquiète, le gage d'un repentir immense, l'espoir fondé de son salut.

N'arrête point, dans ta justice, ton divin regard sur mes crimes ; et que ma prière, entendue par ton oreille sainte, détourne loin de moi ton bras vengeur.

Lave dans ton sang mes souillures, proportionne enfin à mon âge la promptitude de tes secours et l'abondance de tes miséricordes.

XXIX

Mentre m'attrista e duol…

Quand le passé se retrace dans ma mémoire, quand le souvenir de tant de moments perdus sans retour vient frapper mon esprit, j'éprouve un sentiment mêlé de plaisir et d'amertume.

De plaisir, parce que, devançant les leçons du trépas, je vois enfin toute la vanité des jouissances du monde ; d'amertume, parce que je sens combien il est difficile d'obtenir, si près du tombeau, le pardon de tant de fautes.

Ah ! malgré tes saintes promesses, puis-je espérer, Seigneur, sans trop de témérité, qu'un repentir si tardif trouve encore grâce devant ton divin amour ?

Mais quoi ! ton sang versé pour nous ne nous apprend-il pas que, si ton martyre fut sans égal, ta clémence doit être sans bornes ?

XXX
Deh ! fammiti veder…

Daigne, Seigneur, te manifester partout à mes yeux, pour que mon âme, pénétrée de ta lumière divine, étouffe toute ardeur qui te serait étrangère et brûle éternellement dans ton amour.

Je crie vers toi, ô mon Dieu ! C'est toi seul que j'invoque contre mon aveugle et vaine passion. Régénère en mon cœur, par un vif repentir, mes sentiments, mes désirs et ma vertu mourante.

Tu abandonnas au temps mon âme immortelle et, captive sous sa fragile enveloppe, tu la livras au destin. Hélas ! veille sur elle, et pour la fortifier et pour la soutenir.

Sans toi, elle est privée de tout bien, et son salut dépend de ta seule puissance.

XXXI
Vivo al peccato…

Ma vie ne m'appartient plus : je suis mort à moi-même ; je vis pour le péché. J'erre au milieu de ses ténèbres 397 épaisses, frappé d'aveuglement et privé de raison.

Sort cruel ! cette liberté qui faisait mon bonheur et ma joie, cette liberté est désormais asservie. Quel tourment ! O mon Dieu, quelle affliction pour moi, si tu ne me fais revivre en ta miséricorde.

Quand je rentre en moi-même ; quand j'examine ma vie écoulée au sein de l'erreur, j'accuse mon imprudente audace qui,

Abandonnant le frein à mes désirs insensés, m'éloigna du sentier si doux qui mène à ton amour. Seigneur, tends aujourd'hui vers moi une main secourable.

XXXII
Ben sarian dolci…

Que mes prières seraient douces, ô mon Dieu ! si elles étaient l'effet de ta grâce divine, Mon sein aride ne saurait porter aucun fruit de vertu naturelle.

Tu es le germe des œuvres justes et saintes ; elles ne fructifient que là où tu les as semées. Nul, par sa propre force, ne se contiendrait dans tes voies, si tu ne l'y guidais toi-même.
Inspire-moi, Seigneur, les pensées les plus salutaires pour marcher sur tes traces divines,

Et fais que ma voix, douée d'une vive et sublime éloquence, chante incessamment tes louanges, ta grandeur et ta gloire.

XXXIII
Non è più bassa o vil...

Est-il rien, sur la terre, de plus indigne et de plus vil, que moi, si tu m'abandonnes, ô mon Dieu ? Ma voix faible et mourante implore le pardon de mes longues erreurs.

Lie-moi par cette chaîne sainte où se rattachent tous tes célestes dons : je veux dire la foi. Ce n'est plus que vers elle que se tournent mes vœux. Je fuis les délices des sens qui mènent à la perdition éternelle.

Cette divine faveur sera d'autant plus précieuse pour moi qu'elle est plus rare et que, sans elle, on ne trouve ici-bas ni paix ni bonheur véritables.

Oui, la foi seule fait jaillir dans le cœur la source des pleurs amers du repentir ; et les portes du ciel ne s'ouvrent que par elle.

XXXIV
Se spesso avvien...

Souvent l'espoir qu'enfante le désir promet à mes jours passés quelques jours fortunés encore ; mais plus la vie offre d'appas, moins elle doit me sembler chère.

Pourquoi souhaiter, en effet, de plus longs jours et de nouveaux plaisirs, si toutes les joies de la terre nuisent d'autant plus à notre âme qu'elles sont plus durables et plus vives ?

Aussi lorsque ta grâce viendra renouveler en moi cette foi, cet amour, ce zèle ardent qui rend vainqueur du monde et remplit l'âme d'assurance ;

Lorsque tu me jugeras moins indigne de ta miséricorde, étends soudain sur moi ta main divine, Ô Seigneur, pour me ravir dans le ciel. Car les plus saintes résolutions ne durent point au cœur de l'homme.

XXXV
Giunto è già 'l corso…

Porté sur un fragile esquif au milieu d'une mer orageuse, j'arrive, sur le soir de la vie, au port commun où tout homme vient rendre compte du bien et du mal qu'il a fait.

Je reconnais combien, dans son idolâtrie pour les arts, mon âme passionnée fut sujette à l'erreur ; car il n'y a qu'erreur dans les terrestres affections de l'homme.
Pensers d'amour, si doux et si frivoles, que deviendrez-vous maintenant que je m'approche de deux morts, l'une certaine et l'autre menaçante ?

Ni la peinture ni la sculpture ne me charmeront plus désormais. Mon âme s'est livrée tout entière à l'amour de Dieu qui ouvrit ses bras sur la croix, pour nous y recevoir.

XXXVI
Appena in terra...

Je les connus à peine, ces beaux yeux qui brillèrent tels que deux astres, au milieu de ce monde plein de ténèbres, et qui, fermés un moment par la mort, se sont rouverts dans le ciel pour y contempler la Divinité.

Ah ! quels regrets pour moi d'avoir connu trop tard une si rare beauté ! Mais ce n'est qu'aux indignes regards des mortels que l'odieux trépas l'a ravie ; à vous, elle vous est toujours présente par la pensée.

Toutefois, cher Louis, l'art ne pouvant imiter que ce qu'il voit, pour reproduire en marbre, d'une manière aussi vraie que durable, cette angélique beauté qui n'est plus, hélas ! que poussière,

Il faudrait, s'il est vrai que les amants soient identifiés, que, pour rendre ses traits, je copiasse les vôtres.

XXXVII
Per la via degl' affanni...

J'espère, avec la grâce de Dieu, arriver au ciel, par le chemin des afflictions et des jeûnes. Mais ce qu'il ne m'est plus permis d'espérer, c'est de me rapprocher de vous, avant d'abandonner ma mortelle dépouille.

Cependant, malgré la mer orageuse et les terres qui nous séparent, mon amitié sait braver les frimas, surmonter les obstacles, et me transporter jusqu'à vous, sur les ailes de la pensée que rien n'enchaîne.

Plein de votre doux souvenir, je donne pourtant quelques larmes à mon cher et fidèle Urbin. Que ne vit-il encore ! Il serait avec moi.

Hélas ! c'est tout mon désir. Mais son trépas m'appelle ; il m'a ouvert le chemin et m'attend dans le ciel.

XXXVIII
Se con lo stil e coi colori avete…

Sous tes crayons et tes pinceaux, l'art sait égaler la nature. Que dis-je ? tu lui ravis presque la palme en embellissant ses ouvrages.

Mais quand ta docte main s'applique à un travail plus noble encore, à écrire, ton triomphe devient complet ; tu donnes l'immortalité à des hommes.

Que si jamais, dans aucun siècle, l'art put rivaliser avec la nature, tôt ou tard ce qu'il a produit doit périr, et la nature triompher ;
Mais toi, arrachant de l'oubli des souvenirs éteints, tu la forces avoir vivre autant qu'elle des noms qui iront, avec le tien, à l'immortalité.

CHAPITRE I
Poiche d'ogni mia speme…

Si tout espoir doit s'éteindre en mon âme ; si nulle pitié pour moi ne te touche ; si, chaque jour davantage, tu sembles te plaire à mes tourments, de qui me faut-il donc attendre un soulagement à mes maux ? Hélas ! où porterai-je mes vœux, dans qui mettrai-je ma confiance, si tu restes insensible aux témoignages d'une si vive ardeur ? Amour, sois juge entre nous ; je te prends pour arbitre : si mes plaintes ne sont pas légitimes, remets, j'y consens, ton arc dans les mains de celle qui se fait un jeu de mes peines. Un condamné que le trépas attend en appelle à son souverain, quelque inique et cruel qu'il puisse être. Ô toi, qui surpasses en beauté les plus belles, comment peux-tu ne répondre que par d'injustes dédains à tant de respect, de soumission et d'amour ? Inflexible et capricieuse beauté, d'autant plus insensible que les feux que tu allumes sont plus ardents, devais-je penser que des vertus et des charmes si dignes du ciel pussent devenir pour ceux qu'ils séduisent une cause de chagrin, de honte et de tourment ? Hélas ! je croyais, au contraire, qu'il ne fallait voir dans ces dons précieux qu'un attrait bienfaisant, qu'un gage divin de bonheur, qu'un avant-goût des béatitudes promises dans l'autre vie. Mais, ingrate ! de quoi de divin ta beauté fait-elle foi, ici-bas ? Tu ne t'y montres que pour nous abreuver d'amertumes et nous donner la mort. Celle dont la céleste mission est de faire le bonheur des autres et qui le leur refuse, mérite bien de souffrir elle-même tous les maux qu'elle cause. Ce bien que tu me dérobes, l'amour me le révèle ; il veut que je t'en parle, que je t'en retrace tous les heureux effets, pour que tu cherches à te rendre digne de son pardon. Ah ! laisse-toi toucher par mes ardentes prières ; ne me rebute pas, ne dédaigne point ce monde qui t'admire, ne méprise pas le peu que nous valons. Le vrai mérite ne se renferme point en lui-même ; il est profitable à tous, et c'est où il est plus rare que ses bienfaits ont plus de prix : ainsi, les feux d'une étoile brillent davantage au sein de l'obscurité. Cependant, trop avare des biens que tu possèdes, tu me donnes la mort avec impunité et tu n'en parais que plus fière. Fut-il jamais un sort plus déplorable ! N'avoir pour prix de son amour, de son dévouement, de sa fidélité, que des tourments, des dédains et une mort continuelle ! Oh ! pourquoi ces divines faveurs que 407 le Ciel dispense si rarement aux mortels, ne te sont-elles pas ravies, pour devenir le partage d'une femme plus compatissante ? Et je sens, malgré tes rebuts cruels, que je ne puis te retirer mon cœur et que, si quelque autre tente de le séduire, ses agaceries sont aussi froides que vaines. Mon âme semble puiser dans cette constance même l'espoir d'exciter un jour ta pitié ; elle se flatte de voir un temps plus propice et d'obtenir enfin le bonheur. Si les femmes en général se laissent trop facilement abuser par l'artifice et l'imposture, la vérité doit avoir sur toi plus d'empire ; car elle fut toujours ton idole, et sans doute elle sera assez puissante pour me justifiera tes yeux de la honte d'un amour vulgaire. Ô vous, dont les discours menteurs, perfides et cruels osent m'accuser de cette dangereuse erreur qui séduit le commun des hommes, rétractez-vous, montrez à découvert votre malignité : je déclare qu'entre toutes les femmes vertueuses, celle que j'aime est la plus digne de respect. Et toi, déité des pervers, fléau des gens de bien, Calomnie ! sache que, brûler pour elle d'une flamme impure, est un outrage plus grand que je ne puis l'exprimer ; qu'en un mot, c'est blesser son honneur et souiller sa gloire.

CHAPITRE II

Già piansi e sospirai…

Malheureux que je suis ! J'ai déjà tant gémi et pleuré, que je croyais, à force de soupirs et de larmes, avoir épuisé pour toujours la douleur. Mais la mort l'a réveillée dans mon âme ; elle a renouvelé avec abondance la source de mes pleurs. En exprimant encore des regrets, ma voix, mes larmes, mes écrits, confondent en une seule plainte le double chagrin que me font éprouver deux pertes bien cruelles. Ô mon frère, et toi, mon père, objets de mon ardent amour, je ne sais qui de vous me cause la plus vive affliction. Le souvenir de l'un frappe d'abord mon esprit ; l'autre, dont la perte récente couvre mon front de pâleur, a laissé sa vivante image profondément gravée dans mon sein. Il est vrai qu'écoutant mon amour pour vous, je trouve à consoler mes douleurs en pensant que vos âmes sont retournées au céleste séjour. Convient-il de s'affliger pour celui qui, libre enfin des liens et des égarements du monde, rapporte à Dieu la moisson de ses vertus ? Et toutefois quel cœur assez insensible ne s'attendrirait pas à l'idée de ne jamais revoir ici-bas l'être qui lui donna la vie, qui le nourrit et l'éleva ? Plus notre âme est sensible, plus nos douleurs sont vives, et tu sais, ô mon père, quelle est, à cet égard, ma faiblesse ! Si je parviens cependant quelquefois à modérer cette vivacité d'affliction, la pénible contrainte que je m'impose redouble encore mon tourment. Ah ! si je n'étais convaincu, par les pensées dans lesquelles mon esprit est plongé, que tu braves aujourd'hui cette mort que tu redoutais ici-bas, rien ne pourrait me consoler ; mais la ferme croyance où je suis que l'homme qui a bien vécu trouve, après la mort, sa place dans le ciel, adoucit l'amertume de mes regrets. Notre âme est tellement liée avec sa périssable dépouille que, plus elle se livre à l'erreur, plus la mort nous paraît affreuse. Quatre-vingt-dix fois le soleil, au terme de sa course annuelle, a baigné son flambeau au sein de l'Océan, avant que tu aies été rappelé au sein du repos céleste. Maintenant que Dieu t'a retiré de ce séjour de misère, daigne, puisque le Ciel a voulu que tu me donnasses l'existence, daigne prendre pitié de moi qui vis dans un état de mort. Affranchi désormais du trépas et sanctifié dans ton être, tu n'as plus à craindre de changer de nature ni de désirs : à peine puis-je, en l'écrivant, me défendre d'envier ton sort. La fortune et le temps qui traînent toujours à leur suite, parmi des plaisirs incertains, des peines inévitables, voudraient en vain pénétrer dans le séjour que vous habitez, êtres fortunés. Aucun nuage jamais n'obscurcit votre douce lumière ; le temps pour vous est sans mesure ; vous n'obéissez plus au hasard ni à la nécessité ; la nuit ne vient point effacer la clarté qui nous environne, et le soleil, au milieu de ses plus vives ardeurs, ne peut rien ajouter à l'éclat de vos jours. Ta mort m'apprend à mourir, ô mon bienheureux père ! Et ma pensée te voit où les routes du monde conduisent rarement. Non, la mort n'est point un mal pour celui que la grâce éternelle porte au pied du trône céleste : le dernier jour de sa vie est le premier de sa félicité. C'est là, j'aime à le croire, que t'a placé la miséricorde divine ; c'est là que j'espère aussi te revoir, si ma raison parvient à dégager mon cœur de la fange terrestre. Et comme le vif amour d'un fils pour son père doit s'accroître encore dans le ciel où croît toute vertu, je goûterai, tout ensemble, ta béatitude et la mienne, en rendant gloire au divin Créateur.

Stances

I

Un autre genre de plaisir qu'il faut priser bien davantage, c'est de suivre des yeux ces chèvres hardies qui vont grimpant et paissant çà et là sur la pointe escarpée des rochers. Le pâtre, tantôt assis, tantôt errant dans la plaine, fait résonner son instrument agreste, et chante des vers, sans art, où il exhale les tourments de son âme ; tandis qu'avec un air dédaigneux, son insensible bergère repose sous un chêne, auprès de son troupeau.

II

Tel est encore le coup d'œil qu'offre sur l'éminence cette cabane rustique, recouverte de chaume. Ici l'on dresse une table ; là, sous le roc avancé, s'allume un brasier ardent. L'un soigne et nourrit le porc qu'il agace, l'autre assujettit sous le bât l'ânon encore novice ; et le vieillard, assis au seuil de sa porte, jouit à la fois des travaux de son industrieuse famille et des bienfaisants rayons du soleil.

III

Leur visage montre à découvert ce qui se passe en leur âme : on y voit une paix que ne troublent ni l'ennui ni la haine. Ils vont, pleins de gaieté, labourer leurs collines ; et la nuit seule les ramène au foyer.

Leurs portes n'ont point de verrous ; exempts de crainte, ils laissent leur maison ouverte à la fortune ; et, rassasiés de glands après leurs longs travaux, ils cherchent et trouvent sur la paille un tranquille sommeil.

IV

L'envie n'habite point sous leur chaume, l'orgueil en est banni. Ce qu'ils désirent le plus, c'est une verte prairie où l'herbe croisse plus riante et plus fraîche. Une charrue est leur trésor ; un soc, leur plus précieux joyau. Ils ont des paniers pour buffet, et des vases de bois au lieu de coupes dorées.

V

Stupide avarice ! êtres abjects qui abusez des biens de la nature ; vous qui, pour acquérir de l'or, des provinces ou des empires, ne consultez jamais que votre orgueil : la mollesse vous plonge dans la luxure, l'envie vous rend ingénieux et prompts pour la perte d'autrui ; et, dans vos insatiables désirs, vous oubliez combien courte est la vie, combien sont bornés nos besoins.

VI

Nos pères, dans les premiers âges, se contentaient d'eau pour boisson, de glands pour nourriture. Que leurs leçons vous éclairent ! Que leur exemple vous guide et mette un frein salutaire à votre intempérance, à vos dérèglements. Prêtez à mes discours une oreille attentive : ceux qui gouvernent le monde, qui le remplissent de leur grandeur, ont encore des désirs et ne peuvent trouver cette paix délicieuse que le villageois goûte avec ses troupeaux.

VII

Parée d'or et de pierreries, mais l'inquiétude dans les yeux, la Richesse marche triste et pensive ; le vent et la pluie la troublent, les augures et les prodiges l'occupent. La Pauvreté joyeuse, en fuyant les trésors, en acquiert de plus véritables, sans songer ni quand ni comment ; et, libre sous ses habits grossiers, elle vit au milieu des bois, loin des soucis, des procès et de la servitude.

VIII

Les arts et leurs progrès, les rivages recherchés et bizarres, et le doit et l'avoir, et le mieux et le pire, tout cela est indifférent aux villageois. Ce qui l'occupe, ce sont les bois, les prés, les eaux et le laitage. Pour faire un compte, ses doigts et ses mains calleuses lui tiennent lieu de plume et de papier. Il ignore ce que c'est que l'usure et, sans inquiétude, il s'abandonne au sort.

IX

Le premier objet de ses soins, c'est la fécondité de sa vache, c'est la croissance de son jeune taureau. Plein de crainte et d'amour pour le Créateur, il appelle les bienfaits célestes sur ses champs et sur ses troupeaux. Les si, les mais, les comment, les pourquoi, toutes ces subtilités dangereuses lui sont entièrement étrangères. Sa vie simple et pure est agréable à Dieu et rend le Ciel propice à ses prières.

Madrigaux

I

Chi è quel che per força…

Quelle force m'entraîne vers toi, lié, mais libre encore, subjugué et pourtant maître de moi-même ? Ah ! si tu sais retenir tes captifs, sans leur donner des chaînes ; si tu enveloppes les cœurs de liens invisibles, comment se garantir du pouvoir de tes charmes, et qu'opposer à l'éclat de tes yeux d'où l'Amour lance ses traits vainqueurs ?

II

Corne puo esser ch'io…

Comment se fait-il que je ne m'appartiens plus ? Qui m'a ravi à moi-même ? Quel pouvoir plus absolu, plus immédiat que ma volonté propre, a donc agi sur moi ? Qui a pu me percer le cœur, sans me faire ressentir nulle atteinte : Quel est enfin cet amour qui fixe les désirs, qui s'insinue par les yeux jusques au fond de l'âme et, s'y développant sans mesure, est bientôt forcé de s'exhaler en mille manières au dehors ?

III
Se quel che molto piace…

Qu'un objet plein d'appas nous séduise à force de s'offrir à nos yeux, ou qu'une longue habitude finisse par nous révéler, dans ce qui avait même pu nous déplaire, des charmes auparavant inaperçus : ce n'est là qu'un ordinaire effet de l'amour. Mais moi, vous le savez, et ce Dieu le sait aussi, sans que j'aie recours à des preuves : pour me séduire, il n'a rien fallu de semblable. Mes yeux ont si rarement joui du doux éclat des vôtres ! Je ne vous ai vue qu'une fois ; un seul de vos regards a embrasé mon âme.

IV
Per fido esempio…

Il me fut accordé en naissant, comme un gage assuré de ma vocation, cet amour du beau qui, dans deux arts à la fois, et me guide et m'éclaire. Mais croyez-moi, jamais je ne contemplai la beauté que pour agrandir ma pensée, avant de saisir la palette ou le ciseau. Laissons des esprits téméraires et grossiers ne chercher que dans les objets matériels ce beau qui émeut, qui transporte les esprits supérieurs jusqu'au ciel. Ce n'est pas à des regards infirmes qu'il est donné de 418 s'élever de l'homme à la Divinité ; ils essayeraient vainement d'arriver où la grâce seule peut conduire.

V

Ogni cosa cli'io veggio…

Oui, tout ce que je vois me fait sentir plus vivement encore le besoin de vous aimer, de m'attacher à vos pas ; tout me dit qu'il n'est de félicité qu'en vous seule. L'amour, aux yeux de qui nulle beauté n'a de prix que la vôtre, veut que, pour mon bonheur, ô mon astre ! vous soyez l'unique objet de mon ardente flamme ; il veut qu'étranger à tout autre désir, à toute autre espérance, je brûle et vive non seulement pour vous, mais encore pour ce qui me rappelle ou vos regards ou vos charmes. Beaux yeux qui me donnez la vie ! se séparer de vous, c'est se priver de la lumière. Car le ciel n'est plus où vous n'êtes pas.

VI

Corne avro mai virtute…

Loin de vous, comment supporterai-je la vie, si vos consolations ne viennent, au moment du départ, raffermir mon courage ? Ces pleurs, ces soupirs, ces sanglots que mon cœur plein de désespoir a déjà fait éclater, vous présagent 419 assez cruellement mon martyre et ma mort prochaine. Ah ! si jamais l'absence devait vous faire oublier votre esclave fidèle, je vous laisse, pour gage et pour souvenir de mes longues douleurs, un cœur qui ne m'appartient plus.

VII

Il mio rifugio…

Des larmes et des prières ! voilà ma dernière ressource, mon unique moyen de salut. (En est-il de plus sûr ou de plus efficace ?) Et cependant je n'en suis point soulagé. Amour et Cruauté se sont armés contre moi : par sa pitié l'un m'attache à la vie ; par ses rigueurs, l'autre me donne la mort. Si mon âme, ainsi combattue et cherchant sa sécurité dans une fuite courageuse, veut quelquefois s'élancer au séjour où l'espérance lui montre un refuge éternel, soudain l'image de celle qui me retient à la vie se réveille plus fortement dans mon cœur, pour empêcher la mort de triompher de l'amour.

VIII
Se, in vece del gioir...

Amour ! puisque tu préfères au bonheur les chagrins et les larmes, je cours moi-même au-devant de tes traits, parce 420 qu'entre les blessures qu'ils font et la mort, le temps n'accorde pas un seul moment d'intervalle, et que, pour les amants malheureux, mourir est l'unique moyen d'abréger leur supplice. Termine donc à la fois et mes jours et ma peine ; Amour, je t'en rendrai grâce : nous ôter la vie, c'est nous délivrer de tous maux.

IX
Beati voi...

Esprits bienheureux, qui goûtez dans le ciel le prix des larmes dont rien ne dédommage ici-bas, dites-le-moi ; l'amour exerce-t-il encore sur vous son empire, ou en êtes-vous affranchis par la mort ? — Dans notre quiétude éternelle, l'amour dont nous brûlons est à jamais exempt de chagrins, de pleurs, de jalousie. — Vivre est donc pour moi le plus affreux des maux, ne pouvant aimer qu'au prix de tant de souffrances. Ah ! si le ciel, en effet, s'ouvre aux amants comme un séjour propice, tandis que ce monde est pour eux plein d'amertume et d'ingratitude, qu'attendre ici-bas en aimant ? Une longue vie, peut-être. À cette seule idée, j'entre en effroi ; car peu de jours c'est encore trop, pour qui sert et souffre.

X

Sotto due belle ciglia...

Dans l'âge où l'on brave les traits de l'amour, deux yeux charmants lui ont rendu sur moi son empire. Épris de tout ce qui est beau, je ne leur oppose, hélas ! qu'une résistance inutile. Mais à ce doux entraînement se mêle une pensée forte et terrible de repentir et de mort sans que l'amour cependant perde rien de son pouvoir sur mon âme, par l'image des maux plus cruels qui me sont encore préparés. Un seul jour ne peut vaincre un penchant fortifié par l'âge.

XI

Non è senza periglio...

La vue de tes divins attraits est encore redoutable, même pour celui qui se sent, comme moi, poursuivi de près par la mort. Aussi cherché-je à me prémunir, à m'armer contre une si magique puissance. Mais, source délicieuse de mes amères douleurs ! quoique près du terme fatal, je sens que ta pitié ne peut me rendre à moi-même, ni l'effroi de la mort étouffer mon amour.

XII
S'io fossi stato…

Si, dès mes jeunes ans, j'eusse prévu que la ravissante beauté dont je fus idolâtre dût, en pénétrant dans mon cœur, y allumer une flamme éternellement dévorante, avec quel empressement j'aurais moi-même privé mes yeux de la lumière ! Pour prix d'une folle erreur de jeunesse, je ne porterais point aujourd'hui dans mon sein une mortelle blessure. O vous qui résistez faiblement aux premiers assauts de l'amour, n'allez point accuser plus tard votre destin. Croyez-en mon expérience : les passions du jeune âge coûtent à l'impuissante vieillesse d'inutiles regrets.

XIII
Non pur la morte…

Ce n'est pas la mort seule, mais encore l'effroi qu'elle inspire qui peut me sauver, me détendre de la beauté cruelle attachée à ma perte. Quand je sens redoubler en mon sein la flamme que j'y ai moi-même fait naître, pour unique ressource j'ouvre mon âme entière à la pensée de la mort ; car l'amour fuit son approche.

XIV
Occhi, miei, sicte certi…

Vous le savez, mes yeux, le temps fuit ; déjà le moment approche où vos regards vont s'éteindre et vos pleurs se tarir. Ah ! par pitié pour vous-mêmes, restez ouverts au divin objet que j'adore, pendant qu'il daigne habiter ici-bas. Mais quand le ciel, jaloux de posséder tant de charmes, s'ouvrira pour recevoir parmi les esprits immortels et heureux le soleil de ma vie, c'est alors que vous pourrez vous fermer pour jamais.

XV

Amor, perche mai forse…

Dans la froide saison qui suit l'été de l'âge, l'amour, pour empêcher ma flamme de s'éteindre, a de nouveau tourné son arc vers moi ; et le cruel ne cesse de m'accabler de ses traits, sachant que dans un cœur bien né nul de ses coups ne porte en vain. Par les charmes d'un beau visage, il ranime au sein d'un vieillard les feux de la jeunesse ; mais sa dernière atteinte est la plus dangereuse, et la rechute est pire que le mal.

XVI

Amor, se tu se'dio…

Amour, si tu es un dieu, comme on le dit, si ton pouvoir est sans bornes, dégage mon cœur de tes liens. Épris d'une céleste beauté, me sied-il d'espérer sur le bord de la tombe ? Chacune de tes faveurs ajoute à mes tourments ; un plaisir court entraîne un long martyre, et jamais jouissance tardive n'a pu satisfaire le cœur.

XVII
Quantunque il tempo…

Quoique le temps, chaque jour plus acharné à ma poursuite, me presse de rendre à la terre ma dépouille vieillie, languissante et mortelle, je ne suis point encore délivré d'un sentiment qui fait à la fois la perte et la joie de mon âme. Ni la mort qui s'avance, ni l'instant inconnu de son arrêt fatal, rien ne peut empêcher l'amour, cette erreur habituelle, de croître dans mon sein avec l'âge. Ô sort cruel ! sort à nul autre comparable ! il est trop tard désormais pour remédier à mes maux. La raison elle-même s'efforcerait en vain de rendre à son premier état un cœur qui brûla si longtemps, qui brûle encore et doit périr consumé.

XVIII
Tanto alla speme…

Belle et sensible, celle que j'aime me flatte d'un espoir si doux, qu'à sa vue seule le feu de ma jeunesse semble ranimer mes vieux ans. Mais, hélas ! ce bonheur que donne le tendre regard d'une amante, la mort jalouse et cruelle vient à chaque instant le troubler par des pensées funestes. Si j'ouvre mon cœur à l'amour, ce n'est donc que dans les moments trop rapides où je puis chasser loin de moi le souvenir de la mort : bientôt, plus effrayant encore, il rentre dans ma pensée et glace d'un froid soudain ma douce ardeur.

XIX
Se per mordace di…

Âme infirme ! chaque jour voit ta mortelle dépouille s'user et défaillir sous la lime mordante du temps. Quand iras-tu, libre de tes entraves, retrouver dans le ciel ton innocence et ta première joie ? Hélas ! mes jours s'abrègent ; le temps a blanchi ma tête ; et je ne puis me détacher encore de mes habituelles erreurs : plus je vieillis, plus elles s'enracinent et se fortifient. Ô mon Dieu ! je l'avoue avec trouble et confusion, c'est aux morts que je porte envie ; tant mon âme, ici-bas, a de sujets de crainte. Ah ! daigne, dans mes derniers moments, m'ouvrir tes bras miséricordieux ; viens m'arracher à moi-même et me rendre digne de ton amour.

XX
Ora d'un ghiaccio…

Brûlant et glacé tour à tour, mais sans cesse abattu sous le poids de ses maux, mon cœur, plein d'une triste et douloureuse espérance, ne me montre pour avenir qu'un retour cruel du passé. Le plaisir, dans sa brièveté, me semble aussi poignant que la peine. Las de la prospérité comme de l'infortune, je prie Dieu de me pardonner mes erreurs, et je vois bien que si nos instants de bonheur ici-bas sont rapides, nos maux, hélas ! ne finissent qu'avec notre vie.

XXI

Ohimè ! ohimè !...

Hélas ! hélas ! que je me suis trompé sur la durée des jours ! Et cependant, pour des yeux que ne fascine point l'amour-propre, la vérité parle dans un miroir. Malheureux celui qui, plein de sa passion et follement inattentif au vol rapide du temps, se trouve, comme moi, tout à coup, au déclin de sa vie ! Poursuivi de près par la mort, je n'éprouve qu'un repentir stérile ; mon âme manque de force, mon esprit de résolution. Constant ennemi de moi-même, j'exhale de vains soupirs, je verse d'inutiles larmes ; car la plus irréparable des pertes est celle du temps.

XXII

Ohimè ! ohimè ! che pur pensando...

Hélas ! hélas ! je rejette ma pensée en arrière, et ne puis trouver, parmi tant d'années écoulées, un seul jour qui ait vraiment été mien. Sans cesse éloigné du bonheur et de la vérité, c'est vous, je le vois bien aujourd'hui, qu'il faut que j'en accuse, désirs ambitieux, espérances trompeuses, fol amour, larmes, plaintes, soupirs et ardeurs inutiles ; car il n'est aucun sentiment humain qui me soit étranger. Et cependant, j'approche à chaque instant du terme ; je vois de plus en plus l'ombre croître, et le jour décliner pour moi. Déjà, faible et mourant, je touche au seuil de la tombe.

XXIII

Io vo, misero, chimè !...

Malheureux ! j'avance dans la vie, plein de trouble et d'incertitude. L'avenir, le passé, me causent une égale crainte, et je vois s'approcher le moment où mes yeux se fermeront pour jamais. Tandis que le temps exerce sur mon corps ses ravages, la mort livre à mon âme une guerre cruelle dont l'issue est incertaine pour moi. Hélas ! si trop de crainte ne m'abuse (et plût au Ciel que, pour mon propre bonheur, je pusse aujourd'hui me tromper !), je vois dans 428 mes erreurs mêmes mon éternel châtiment, et je ne sais ce que je dois encore espérer.

XXIV

Mentre che'l mio passato...

Je rejette en vain, loin de moi, le souvenir du passé ; toujours il se présente à ma mémoire, et me fait connaître, ô monde décevant, tous les dangers et toutes les erreurs. Celui qui se laisse séduire par tes douces promesses, par tes plaisirs trop vains, prépare à son âme de douloureux tourments. Il suffit d'y bien réfléchir pour se convaincre que tu nous flattes le plus souvent d'un repos, d'un bonheur que tu ne possèdes point. Hélas ! c'est pour m'être abandonné trop longtemps à tes illusions mensongères que j'ai souffert tant de maux et versé tant de pleurs.

XXV

Condotto da molti anni...

Conduit, par de longues années, au terme de ma carrière, trop tard je reconnais, ô monde, ce que sont tes plaisirs : tu nous offres un repos qui n'est point ton partage, un bonheur qui meurt, en naissant. Toutefois, ni la douleur ni la honte du triste emploi de mes jours, hélas ! si fugitifs, ne peuvent changer désormais ni mes désirs ni mes pensées ; car celui qui vieillit dans une tendre erreur, pendant qu'il croit y trouver un aliment à la vie, ne fait que donner la mort à son âme, sans avantage pour son corps. Ah ! je le vois enfin par ma propre et cruelle expérience : l'être le plus heureux est celui dont la mort suit de plus près la naissance.

XXVI

Ora su'l destro or su...

Je vais, d'un pas incertain, à la recherche du salut. Mon cœur, flottant sans cesse entre le vice et la vertu, souffre et se sent défaillir, comme un voyageur fatigué qui s'égare dans les ténèbres. Ah ! devenez mon conseil : vos avis me seront sacrés ; éclairez mes doutes ; guidez ma raison offusquée ; préservez mon âme abattue des nouveaux égarements où pourraient la plonger mes passions. Oui, dictez-moi vous-même ma conduite, vous qui sûtes, par de si doux chemins, me diriger vers le ciel.

XXVII
Non sempre al mondo…

Rien de ce que le monde renferme de plus cher et de plus précieux ne l'est réellement assez aux yeux de tous les hommes, pour que, là même où le plus grand nombre trouve la douceur, quelques-uns ne trouvent pas de l'amertume. Mais combien de fois, par condescendance, ne nous faut-il pas imiter le vulgaire insensé, contraindre notre joie pour partager sa tristesse, renfermer nos douleurs pour sourire à ses vains plaisirs ! Moi, j'ai dans mes chagrins, du moins, ce contentement, que personne ne lit sur mon visage ni mes ennuis ni mes désirs. Je ne crains pas plus l'envie que je ne cherche les louanges du monde, de ce monde injuste et trompeur qui ne protège que ceux qui le payent de plus d'ingratitude, et je marche dans des routes solitaires et peu frayées.

XXVIII
Nel mio ardente desio…

Sensible en apparence à mes maux, mais froide et cruelle dans l'âme, elle se joue de ma brûlante ardeur. Amour, ne te l'avais-je pas dit, que mon espérance était vaine, que l'on perdait son propre appui en comptant sur celui des autres ? Eh bien ! si maintenant elle veut que je meure, mon tort, mon malheur le plus grand n'est-il pas d'avoir cru à ses promesses trompeuses ? Mais plus celui qu'on abuse est crédule, plus on est ingrat et coupable.

Canzone

Nel corso de'mie'anni...

Parvenu au terme de ma carrière, comme un trait rapide à son but, il est temps que j'éteigne en mon sein toute ardeur amoureuse. Je te pardonne, Amour, tes anciens torts envers moi ; le souvenir que j'en garde émousse désormais sur mon cœur tes armes impuissantes. Je suis inaccessible à tes coups. Si mes yeux pouvaient être encore séduits par tes charmes, ce lâche et faible cœur voudrait, sans doute aujourd'hui, ce qu'il voulut autrefois. Mais non se maintenant par ses longues souffrances, il te dédaigne, il te fuit. Tu te flattes peut-être qu'une nouvelle beauté saura m'engager encore dans ces liens dangereux dont l'homme le plus sage ne peut toujours se défendre. Les blessures que tu fais au cœur d'un vieillard sont, il est vrai, les plus irrémédiables ; mais je ressemblerai à la glace qui se dissout et se fond dans le feu sans pouvoir s'enflammer. À mon âge, la pensée de la mort peut seule nous garantir de tes coups redoutables ; elle repousse ces traits poignants qui causent tant de maux et renversent souvent, en un jour, le bonheur le mieux assuré. Mon âme, préoccupée de la mort, délibérant avec elle-même, incessamment attristée par de nouvelles méditations, et sur le point d'abandonner sa dépouille mortelle, s'avance, par la pensée, dans le chemin de l'éternité, flottant entre l'espérance et la crainte. Amour, amour ! combien tu es audacieux et prompt, téméraire et puissant ! Tu veux chasser loin de moi la pensée de la mort, quand elle m'est si naturelle ; tu veux rendre à un tronc desséché ses rieurs et sa verdure. Que puis-je désormais ? Qu'exiges-tu de moi ? N'ai-je pas tellement coulé mes jours sous ton empire, qu'un seul instant de ma vie n'a pu m'appartenir ? Quelle force, quelle ruse, quel prestige pourrait me ramener à toi, maître ingrat et perfide, qui donnes la mort en parlant de pitié ? Ah ! combien imprudente et crédule serait l'âme qui, libre enfin de tes chaînes, abandonnerait un bonheur certain et la liberté, ce bien inestimable, pour rentrer sous le premier joug qui l'opprima mortellement. La terre n'attend pas longtemps ce qui respire, et chaque instant emporte avec lui quelque chose des beautés de ce monde. Quand on est amoureux (qui le sait mieux que moi ?) peut-on à volonté cesser de l'être ? Le châtiment suit de près l'erreur, et plus on donne à ses sens, plus vite on court à sa perte. Tyran cruel, que veux-tu donc de moi ? 433 Dois-je, oubliant encore mes anciennes souffrances, faire de mes derniers jours, nécessaires à l'expiation de mes fautes, ceux de ma perdition et de ma honte éternelle ? Vers, que j'ai composés avec un cœur brûlant sous les glaces de l'âge, si vous rencontrez l'amour prêt à me déclarer la guerre, ménagez-moi la paix avec lui. Dites-lui bien, s'il veut me subjuguer encore, qu'il y a peu de gloire à triompher de celui qu'on a déjà vaincu.

Épitaphes

I

Si les pleurs qu'on verse sur moi pouvaient ranimer ma cendre et me rappeler à la vie, combien il serait cruel celui qui, par son affliction et ses plaintes, voudrait reléguer de nouveau sur la terre mon âme à qui le ciel s'est ouvert !

II

La mort a rendu mon âme au ciel, ma dépouille terrestre à la terre ; mais celui qui m'aime encore au-delà du tombeau a voulu qu'on reproduisit mes traits sur le marbre pour immortaliser mon nom et ma beauté.

III

Je fus mortelle ; aujourd'hui, je vis dans l'éternité. J'apparus un moment sur la terre ; maintenant, j'habite pour jamais dans le ciel. O changement que je bénis ! la mort, en me frappant, m'a donné l'immortalité.

Épitaphes pour la mort de François des Bras

I

Se qui son chiusi i begli...

Si les beaux yeux son clos, ci, et ensevelis
Avant leur temps, ceci seul réconfort nous porte :
Vifs, pitié d'eux ci-bas ne se trouvait que morte,
Or que les voilà mots, d'eux en maints trouve vie.

II

Deh serbi…

Ah garde, si de moi tu as quelque souci
Qui suis ci emmuré et délié du monde
Les larmes qui ton sein et ton visage inondent
Pour qui à la Fortune est encore soumis.

III

Perché ne' volti offesi…

Pourquoi au visage outragé n'es-tu entrée
Par les années, ô Mort qui me veut avant l'heure ?
Pour ce qu'au haut du ciel n'accède ni demeure
Chose soumise au temps que le monde eût gâtée.

IV

Non volse Morte…

Point ne voulut la Mort ne pas tuer sans
Les armes des années et des jours superflus
La beauté qui ci-gît, pour que revoler pût
Au ciel sans avoir perdu son beau semblant.

V

La bestà qui giace…

Tant plus haut s'élevait la beauté qui ci-gît

Sur la plus belle au monde entre les créatures
Que Mort qui toujours fut en gaine de la Nature
Que lui devînt amie la tua et éteignit.

VI

Qui son de'Bracci...

Bras, à la geste ici armes d'humble vaillance
À ma mort affrontée afin de se nourrir ;
Combien mieux eût valu être des pieds pour fuit
Que des bras défaillants contre elle à ma défense.

VII

Qui son sepulto...

Ci suis enseveli, à peine le temps d'être
Né, celui-là à qui comme vent vite et crue
Fut Mort au point qu'ici mon âme de moi nue
Celle qui a changé d'état hésite à reconnaître.

VIII

Non può per morte...

Qui me tient ci sellé point ne peut par ma mort
Les beautés qu'il voulut sur son corps répandues
Les rendre à ces chairs-là qu'il en a dépouvues
S'au jour dernier tel quel me doit refaire encor.

IX

L'alma di dentro...

Certes, l'âme enfermée dehors ne pouvait voir
Comme nous le visage enclos en cette tombe :
S'il n'est demeure au ciel qui ne lui soit seconde,
De l'en tirer jamais Mort n'eût eu le pouvoir.

X

Se della morte...

Si la Mort a ici pu vaincre la Nature
En un visage si beau vengeance des étoiles
De par le monde ira, divin tirant son voile
Beau plus qu'oncques ne fut de cette sépulture.

XI

Qui son chiusi i begli occhi...

Ici clos à jamais les beaux yeux qui s'ouvrirent
D'obscurité voilant les plus saints et brillants ;
Puisque morts maintenant rendent lumière à tant
Si mal surmonte bien qui de nous le sait dire ?

XII

Qui son morte credulo...

Ici mort me croyez, pour réconfort porter
Au monde je naquis, d'âmes de vrais amants
Mille en gardait mon sein ; ce pourquoi moi manquant,
Ne saurais être mort pour une seule ôtée.

XIII

Se l'alma vive del supo...

Que l'âme hors de mon corps vive nouvellement,
La mienne ici, le dit qui me semble endeuiller,
Par la peur qu'aux vivants m'est donné d'éveiller :
Ce que faire ne peut qui meurt éternellement.

XIV

S'e ver, com'é...

S'il est vrai, et ce l'est, qu'à notre corps survive,
Et de lui déliée que son maugré dirige
Seulement à haute loi lige,
Notre âme et point avant, elle est alors béate,
Si devenue de par mort dive
Se voit, comme en naissant avec Mort prenait date.
Aussi Sine Peccata,
Qu'en joie et rires se transforme
Seuil et chagrin qui pour son mort chacun étreint,
Si départi de frêle forme

Libéré de misère à vraie paix il parvient
À l'heure extrême, au dernier point.

Tant moins doit être vif pour l'ami le désir,
Que beaucoup moins que Dieu terre est douce à jouir.

XV

A pena prima aperti…

Et tout à peine avais-je pu voir ses beaux yeux
Ouverts d'abord ici en la précaire vie,
Que, clos je jour venu de la grande départie,
Il les ouvrit au ciel pour y contempler Dieu.

Mon cœur pleure l'erreur, point mienne, qui en eux
Tard reconnaît beauté prisée et accomplie,
Faute en est à précoce mort qui l'a ravie
À vous non pas, mais bien à l'ardeur de mon feu.

Si donc me faut, Louis, rendre les rares formes
Du François que je dis, l'unique, en pierre vive
Éterne, déjà qu'ici parmi nous il est terre,

S'il est vrai qu'un amant en l'autre se transforme,
Et sans elles mon art ne se peut qu'y arrive,
Pour le portraire lui votre portrait doit faire.

XVI
Qui vuol mie sorte...

Ici ne veut mon sort dormir avant le temps,
Ni mort ne suis ; encore qu'aie changé de demeure,
Toujours en toi vivant, toi qui me vois et pleure,
S'il est vrai que se peut muer l'un en l'autre amant.

XVII
Se qui cent'anni...

Si cent années ici t'ont pu ravir deux heures,
Un lustre abusera, qui sait ? l'éternité.
Non pas, si en un jour a vécu cent années
Lui qui dans sa journée a tout appris et meurt.

XVIII
Gran venture...

Grande fortune ce m'est de voir ici mort
Ce don reçu du ciel avant que d'être vieux,
Ne pouvant recevoir du monde rien de mieux,
Tout pour moi fors la mort eût été pire encore.

XIX
La carne terra...

Ici terre ma chair et mes os dessaisis

Et des beaux yeux et de l'avenante semblance,
À celui-là pour qui je fus grâce et plaisance
Témoigne de la geôle où ci-bas l'homme vit.

XX
Se fussin...

Si pour qu'une autre fois je vive devenaient
Les pleurs que vous versez à mes os, chair et sang,
Bien serait sans pitié de pitié languissant
Qui leur voudrait renouer l'âme au ciel libérée.

XXI
Chi qui morte mi piange...

Qui mort me pleure ici espère vainement
Mon sépulcre et mes os arrosant tout entier,
Ainsi que l'arbre au fruit me pouvoir ramener,
Pour ce que homme mort ne renaît au printemps.

XXII
S'i' già vivo...

Si vif je fus, toi seul, pierre, tu le sais ;
Qui m'as, ici emmuré. Qui de moi se souvienne,
Il croit rêver tant Mort est avide et soudaine,
Que semble ce qui fut n'avoir jamais été.

XXIII

I' temo più...

Bien davantage crains, passés les ans, les heures
Qui m'ont ici enclos, le retour à la vie,
S'il se pouvait là-bas que le départ ne fis,
Car je naquis alors où faut que la Mort ne meure.

XXIV

I' fu de' Bracci...

Je fus des Bras, et si privé pour me portraire
Suis resté de mon âme ores m'est chère Mort,
Pour cela que cette œuvre a le bienheureux sort
Peinte de pénétrer où vif ne le pus faire.

XXV

De' Bracci nacqui...

De Bras naquis et puis après le pleur premier soleil,
Il fut court le temps où mes yeux te virent.
Ici pour toujours suis ni pour moi ne désire,
Si je demeure vif en lui qui tant m'aimait.

XXVI

Più che vivo non ero…

Plus que vivant n'étais, mort me vois devenir
Vif et cher à qui Mort m'a ce jour enlevé.
Si tant m'aime aujourd'hui plus qu'a lui prodigué,
Qui par manquer grandit, doux lui est le mourir.

XXVII

Se morte ha di virtù…

Si Mort a de vertu ci la première fleur
Du monde et de beauté encor pas bien déclose ;
Avant l'heure entombée, me faut croire une chose :
Que plus ne se plaindra celui-là qui, vieux, meurt.

XXVIII

Dal ciel fu la beltà…

Céleste, entière aussi de Dieu me vint la beauté
De mon père je n'eux que ce corps mortel.
Si la mort est avec moi ce qui me vint du ciel,
Qu'espère de la Mort ma morelle moitié ?

XXIX

Per sempre a morte…

À la Mort pour toujours d'abord à vous donnée

Une heure seule avec un tel bonheur
Apportai la beauté, puis laissai tant de pleurs
Qu'il eût valu mieux que jamais ne soit né.

XXX

Qui chiuso è 'l sol...

Ci enclos, seul soleil qu'encor tu pleures et t'ard ;
L'alme lumière fut fugitive aventure.
Moindre grâce et richesse infiniment plus dure,
Car Mort aux malheureux vient paresseuse et tard.

XXXI

Qui sol per tempo...

Ici, seul, tôt, me faut faire halte et dormir
Pour pouvoir restituer, beau, mon voile terrestre,
Car grâce et beauté n'est plus au ciel qui reste
À Nature enseignant comme se doit régir.

XXXII

Si gli occhi...

Si ouverts mes yeux furent pais et vie
D'aucun, ici clos qui lui est vie et paix ?
Point ne l'est beauté du monde en allée,
Mais seule l'est Mort si son bien ci-gît.

XXXIII

Se, vivo al mondo…

Au monde si vivant je n'ai été d'aucune vie
À qui désormais terre est ma beauté ici,
N'est seule Mort cruelle ains l'est bien jalousie
Que quelqu'autre pour moi ne se meure avant lui.

XXXIV

Perc'all'altru'ferir…

Parce que sans égal pour les autres férir
Le Bras qu'ici j'enserre avec son beau visage,
Vous l'a emporté Mort et ce fit je le gage,
Puisque seuls les moins beaux lui restait à tuer.

XXXV

Sepulto è qui quel Braccio…

Ci est enseveli ce Bras dont Dieu plut
Qu'il pût par son visage amender la Nature,
Mais pour ce qu'est perdu un bien dont on n'a cure,
Au monde le montra et vite revoulut.

XXXVI
Era la vita vostra…

La splendeur était tout ce qui vous faisait vivre,
De ce François des Bras qui mort ici repose.
En paix qui ne le vit et ne perd nulle chose,
La vie perd qui le vit en pouvoir mourir.

XXXVII
A la terra la terra…

À la terre la terre et l'âme au ciel remise
À ici Mort ; à qui mort persiste à m'aimer
Mes grâces, mon renom en garde elle a donnés,
Que mon terrestre voile au marbre il éternise.

XXXVIII
Qui serro il Braccio…

J'enserre ici ce Bras, si divinement beau,
Et de même que l'âme au corps est forme et vie ;
D'œuvre insigne et plaisante est à moi celui-ci,
Car c'est un beau couteau qu'indique un tel fourreau.

XXXIX
S'avvien come fenice…

Si pareil au Phénix ici prend renaissance

De Bras le beau visage encor plus précieux,
Bien sera que son bien qui en fut oublieux
Le puisse venir quelque temps après la déshérence.

XL

Col sol de' Bracci...

Soleil des Bras soleil de la Nature aussi,
À tout jamais éteint ici, clos et emmuré,
La Mort le tua, ce fit sans épée ni armure,
Une fleur en hiver faible vent la ravit.

XLI

I'fui de' Bracci...

Je fus des Bras. Ici pour vie m'est échue Mort.
Terre aujourd'hui du ciel se trouvant départie,
Puisqu'au monde j'ai seul touché le Paradis,
À jamais que bientôt se referment ses portes.

XLII

Desposti ha qui Cecchin...

François par mort laissa dépouille noble ici
Tant qu'oncques le soleil sa pareille ne vit.
Rome en pleure et le ciel se réjouit et rit,
Car, du corps allégé, de son âme il jouit.

XLIII

Qui grâce il Braccio...

Ici repose Bras, ne se veut à ce corps
Sépulcre, et saint office à l'âme, moins insignes.
Si vivant moins que mort il eut demeure digne,
Sur terre comme au ciel douce et pie lui est Mort.

XLIV

Qui stese il Braccio...

Ci étendit le Bras et le fruit cueillir, vert
Mort, et même la fleur qui sur ses quinze ans cède.
Seule en jouit la terre ici qui le possède,
Lorsque tout le restant pleure de l'univers.

XLV

I' fu Cecchin...

François était mortel, or divinité touche,
Le monde l'eut si peu, à jamais mien le ciel.
Et de mort je me loue pour échange si bel,
Quand, de tant d'autre morts, de moi vif elle accouche.

XLVI

Chiusi ha qui gli occhi...

Les yeux clos, corps enfoui, ci, l'âme déliée
Par Mort, François des Bras, de qui la départie
Avant son heure advint, qu'il échangea sa vie
Pour celle qu'un long temps nous vaut souvent ôtée.

XLVII

I'fu' de' Bracci...

Bras le fut, de mon âme ici dépossédé
De beauté que j'avais devenue os et terre,
Je prie de ne s'ouvrir la pierre qui m'enserre ;
Pour ester beau en qui, vif, autrefois m'aimait.

XLVIII

Che l'alma viva...

Et que notre âme ait vie, moi qui suis mort ici
J'en suis ores certain et que vif j'étais mort.
Je fus des Bras, si bref s'est révélé mon sort ;
Plus espère pardon qui a plus courte vie.

XLIX

Ripreso ha 'l divin Braccio...

Le divin Bras reprit son voile de beauté.

Ici n'est plus, avant le Grand Jour l'a ôté,
Pitié de terre, en tombe eût-il encore été,
Lors, seul dine du ciel il eût été jugé.

L
Se 'l mondo il corpo...

Si le monde, nos corps et le ciel l'âme avance
À l'homme pour longtemps, ce mort ici, des Bras
Est-il bien qui jamais le dédommagera
D'années et de beauté si lourde est sa créance ?

Épigramme écrit sur la statue de la *Nuit* par Carlo Strozzi

La notte cha tu vedi in si dolci atti...
La Nuit que tu vois dormir dans un si doux abandon fut sculptée par un ange ; puisqu'elle dort, elle vit : si tu en doutes, éveille-la : elle te parlera.

Réponse de Michel-Ange, au nom de la *Nuit*

Grato m'è il sonno, e più l'esser di sasso...
Il m'est doux de dormir, plus doux encore d'être de marbre, dans ces temps de malheur et d'opprobre. Ne rien voir ni sentir est un bonheur pour moi. Ne m'éveille donc point : parle bas !

Lettres

Michel-Ange à Laurent de Médicis

Rome, 2 juillet 1496

Magnifique Lorenzo, ceci est seulement pour vous aviser que, samedi dernier, nous sommes arrivés à bon port et que, tout de suite, nous sommes allés faire notre visite au cardinal de Saint-Georges à qui j'ai présenté votre lettre. Il a paru me voir avec plaisir et il a voulu que j'allasse incontinent examiner certaines figures, ce qui m'a pris tout le jour et m'a empêché de porter vos autres lettres.

Dimanche, le cardinal est venu dans la nouvelle maison et m'a fait appeler pour m'interroger sur ce que je pensais des 125 figures que j'avais vues. Je lui en dis mon sentiment et, en vérité, il me semble que ce sont de très belles figures. Ensuite, le cardinal m'a demandé si je me sentais le courage d'entreprendre quelque chose de beau. Je répondis que je n'avais pas d'aussi grandes prétentions, mais qu'il verrait bien ce que je ferais. Nous avons acheté un bloc de marbre pour une figure de proportions naturelles et, lundi prochain, je commencerai à travailler.

Depuis lundi passé, j'ai remis vos autres lettres à Paolo Rucellai qui m'a offert l'argent dont j'aurais besoin, et aux Cavalcanti. Ensuite, j'ai donné votre lettre à Baldassare [del

Milanese] et je lui ai demandé de me rendre le bambin [le *Cupidon*], lui disant que je lui rendrais à mon tour son argent (les 30 ducats). Il m'a répondu, avec beaucoup d'aigreur, qu'il briserait plutôt ce marbre en cent morceaux ; qu'il l'avait acheté, qu'il le tenait pour sien et qu'il possédait des papiers prouvant qu'il avait satisfait ceux qui le lui avaient envoyé ; que certainement il n'avait pas à le rendre. Et là-dessus, il s'est beaucoup plaint de vous, disant que vous aviez mal parlé de lui. Je sortis et je priai quelques-uns de nos Florentins de s'interposer pour nous mettre d'accord. Mais ils n'en ont rien fait. Maintenant, je compte agir par la voie du cardinal, ainsi que me le conseille Baldassare Balducci. Je vous tiendrai au courant de ce qui suivra. Rien de plus sur ce sujet.

Je me recommande à vous.

Que Dieu vous garde.

Michel-Ange à son père

Rome, 1er juillet 1497

Très vénéré et cher père,

ne soyez pas surpris si je ne rentre pas à Florence, car je n'ai pas encore arrangé mes affaires avec le cardinal. Je ne veux pas partir avant d'avoir reçu satisfaction et être payé de mes fatigues. Avec ces grands maîtres, il faut aller doucement, il ne faut pas les forcer. Mais, de toute manière, j'espère en avoir fini cette semaine. Je vous avise que mon frère Léonard s'en est revenu à Rome, disant qu'il avait dû fuir de Viterbe où on lui avait pris sa cape. Voulant s'en retourner à Florence, il m'a demandé pour le voyage un ducat d'or que je lui ai donné. Je pense qu'il doit être arrivé. Je ne sais que vous dire de plus, étant hésitant et ne sachant encore comment ira cette affaire. Mais j'espère être bientôt auprès de vous. Bien portant. J'espère que vous l'êtes aussi.

Recommandez-moi aux amis.

Michelagniolo, sculpteur, à Rome.

Contrat pour le groupe de la *Pietà*

Rome, 17 août 1498

Qu'il soit connu et manifeste à qui lira le présent écrit comment le Révssime cardinal de Saint-Denis a convenu avec le maître Michel-Ange, statuaire florentin, que ledit maître ait à faire une Pietà de marbre à ses dépens, à savoir une Vierge Marie vêtue, avec le Christ mort dans ses bras, grande au juste de la taille humaine, pour le prix de 450 ducats d'or en or papal, au terme d'un an à dater du commencement de l'œuvre. Et ledit Révssime cardinal promet de lui faire le payement de la manière suivante, à savoir : d'abord, il promet de lui donner 150 ducats d'or en or papal, avant que soit commencé l'ouvrage ; et ensuite, l'ouvrage commencé, il promet de lui donner, chaque quatre mois, 100 ducats semblables, en sorte que lesdits 450 ducats d'or en or papal seront finis de payer dans un an, si ladite œuvre est aussi finie ; et si elle est finie avant, sa Seigneurie Révssime sera obligée de payer le tout.

Et moi Jacob Gallo, je promets au Révssime Monseigneur que ledit Michel-Ange fera ladite œuvre dans un an et que ce sera la plus belle œuvre de marbre qui soit actuellement à Rome, et que nul maître ne la fera mieux aujourd'hui.

Et vice versa je promets audit Michel-Ange que le Révssime cardinal fera le payement, selon ce qui est stipulé ci-dessus.

En foi de quoi, moi, Jacob Gallo, j'ai fait la présente de ma propre main, l'an, le mois et le jour susdits. Il est entendu que cet écrit casse et annule tout autre écrit de ma main ou de la main dudit Michel-Ange et que celui-ci a seule valeur. Le Révssime cardinal m'a donné, à moi Jacob, il y a quelque temps, cent ducats d'or en or de la Chambre [Apostolique] *et, à ce jour, cinquante ducats d'or en or papal.*

Michel-Ange à son père

Rome, 19 août 1500

[…] Quand vous serez fixé sur la somme à remettre, mandez-le-moi et je vous enverrai cet argent, si vous ne l'avez pas. Encore que j'en aie peu, comme je vous l'ai dit, je m'ingénierai à m'en procurer pour vous éviter d'aller emprunter au Mont [de Piété], comme m'a dit Buonarroti. Ne vous étonnez pas, si je vous ai quelquefois écrit trop vivement. C'est que j'éprouve, à mes heures, grande passion pour bien des raisons qui affectent ceux qui sont loin de leur foyer. J'avais mis en projet de faire un portrait de Pierre de Médicis et j'avais même acheté le marbre, mais je ne l'ai pas même commencé, parce que ce dernier n'a pas fait pour moi ce qu'il m'avait promis. Aussi bien, je reste chez moi et je taille une figure à ma fantaisie. J'avais, pour la faire, acheté cent ducats un morceau de marbre qui ne s'est pas trouvé bon. Après avoir jeté cet argent en pure perte, j'ai acheté un autre bloc pour cinq autres ducats et j'y travaille, à mon plaisir. Aussi devez-vous bien penser que je dépense, moi aussi, et que je me fatigue. Mais ce que vous me demanderez, je vous l'enverrai, devrais-je me vendre comme esclave…

Michel-Ange à Julien de San-Gallo

Florence, 1 mai 1506

J'ai appris par une de vos lettres que le pape a mal vu mon départ et que Sa Sainteté est disposée à exécuter nos précédents accords pour que je retourne et qu'elle n'ait plus à douter de mon concours. Pour ce qui est de mon départ, il est vrai que j'avais entendu dire que, le Samedi Saint, le pape, parlant à table avec un joaillier et le maître des cérémonies, aurait affirmé ne vouloir plus dépenser un sou pour pierre ni petite ni grosse. Ce propos m'étonna fort. Cependant, avant de me décider à la retraite, je demandai un peu de ce dont j'avais besoin pour continuer l'ouvrage. Sa Sainteté me répondit : « *Reviens lundi.* » Je revins le lundi et le mardi et le mercredi et le jeudi suivants, comme il put le savoir. À la fin, le vendredi matin, je fus congédié, je veux dire chassé. Et même celui qui me renvoya dit qu'il me connaissait bien, mais que tel était son mandat. C'est pourquoi, ayant entendu répéter ces paroles le samedi et en voyant l'effet, je tombai dans un grand désespoir. Mais ce ne fut pas la seule et unique raison de mon départ. Cette autre raison, je ne veux pas l'écrire : il m'avait suffi de savoir que, si je restais à Rome, le premier tombeau à faire eût été, non celui du pape, mais le mien et ce fut là le vrai motif de mon départ subit.

À présent, vous m'écrivez de la part du pape. Je vous prie donc de lire au pape ma réponse. Il faut que Sa Sainteté entende bien que je suis, plus que jamais, disposé à continuer l'œuvre. Si le pape veut que je fasse ce tombeau, qu'il ne s'inquiète pas du lieu où j'y travaillerai ; il suffit que nous soyons d'accord sur ce point que, dans cinq ans, ce tombeau sera muré dans Saint-Pierre à la place qui aura plu et que ce sera une belle chose, comme je l'ai promis. Si cette œuvre se fait, je suis certain qu'il n'y en aura pas une semblable dans le monde entier. Et maintenant, si Sa Sainteté veut donner suite à l'affaire, qu'elle en dépose les fonds ici, à Florence, à l'adresse que je donnerai. J'ai beaucoup de marbres commandés à Carrare ; je les ferai venir ici et aussi ceux que j'ai encore à Rome. Encore qu'à mon détriment, je n'aurai d'autre souci que de faire cette œuvre. J'en enverrai les parties faites, l'une après l'autre, en sorte que Sa Sainteté prendra plaisir à les voir, comme si je travaillais à Rome même, et mieux parce qu'Elle verra les morceaux tout faits, sans avoir l'ennui de les voir faire. Pour ce qui est des fonds et de l'ouvrage, je m'obligerai au gré de Sa Sainteté et je lui donnerai ici, à Florence, toutes les garanties qu'Elle demandera… [effacé].

Je veux aussi ajouter qu'il n'est pas possible de faire un tel monument et pour un tel prix, à Rome ; tandis qu'ici je profiterai de bien des commodités que je n'aurais pas là-bas ; et je travaillerai, en outre, d'un esprit plus tranquille et de meilleur cœur, parce que je n'aurai pas à penser à tant de choses. C'est pourquoi, mon très cher Julien, je vous prie de me faire réponse et bientôt. C'est tout.

Michel-Ange à son frère Buonarroto

Bologne, 1er février 1507

Je te fais savoir que, vendredi soir, à la vingt et unième heure, le pape Jules est venu à la maison où j'ai l'atelier. Il y est resté environ une demi-heure à me regarder travailler, puis il m'a donné sa bénédiction et s'en est allé en manifestant son contentement sur le travail que je fais. C'est pourquoi il me semble que nous avons grandement à remercier Dieu et je vous prie de le faire et de prier pour moi.

Michel-Ange à son père

Bologne, 8 février 1507

J'ai reçu, aujourd'hui, votre lettre qui m'apprend que vous avez été avisé par Lapo et Ludovic. Il me plaît que vous me repreniez lorsque je mérite de l'être, comme un triste sujet et un pécheur autant et peut-être plus que les autres. Sachez, pourtant, que je n'ai nullement fauté dans l'affaire que vous me reprochez, ni envers ces deux garçons ni envers aucun autre, à moins que je n'aie fait plus qu'il ne convient. Ils savent bien ce que j'ai fait pour eux, ceux qu'il m'est arrivé d'employer. Et si tout le monde l'ignore, Lapo et Ludovic le savent mieux que personne. Le premier a reçu en un mois et demi 27 ducats et l'autre 18 larges, plus la dépense journalière. C'est pourquoi je vous prie de ne pas vous laisser désarçonner. Quand ils sont venus se plaindre de moi, vous auriez dû leur demander combien de temps ils sont restés à mon service et combien de ducats ils en ont reçu et vous auriez pu, ensuite, leur demander de quoi ils se plaignaient. Mais l'excessive passion qui les aveuglait — surtout ce triste Lapo — était telle qu'ils laissaient entendre que c'était eux qui faisaient l'œuvre ou qu'ils y étaient de moitié avec moi et ils ne se sont jamais rendu compte — surtout Lapo — qu'ils n'étaient pas les maîtres, si ce n'est quand j'ai chassé ce dernier. Alors, seulement, il s'est aperçu qu'il faut compter avec moi. Après avoir ourdi mille plans et commencé à ébranler la faveur du pape, il lui a semblé étrange que je l'aie mis dehors, comme une bête. Je regrette qu'il ait de moi 7 ducats, mais, si je reviens à Florence, il faudra bien par force qu'il me les rende. Il devrait même me rendre les autres, qu'il a eus de moi, s'il avait de la conscience. Mais assez, je ne m'étendrai pas davantage sur ce sujet parce que je l'ai fait suffisamment connaître par écrit à messer Agnolo

[Manfidi] que je vous engage d'aller voir, en vous faisant accompagner par Granacci, si vous le pouvez. Faites-vous lire par l'officier public la lettre que je lui ai écrite et vous saurez alors quelle sorte de canaille sont ces gens. Je vous prie cependant de tenir secret ce que je vous écris de Ludovic, parce que si je ne trouve pas un autre fondeur à amener ici, je verrai à le reprendre. En vérité, je ne l'ai pas chassé de Bologne. C'est Lapo qui, trop honteux de rentrer seul à Florence, a débauché Ludovic pour alléger ses propres fautes. Vous apprendrez tout cela du commissaire et vous conclurez à votre aise pour votre gouverne. Ne tenez même aucun propos avec Lapo, vous en auriez trop de honte. Nos affaires ne vont pas avec celles de ces gens-là. Pour ce qui regarde Giovansimone, il ne me semble pas bon qu'il vienne à Bologne parce qu'au carnaval le pape en repartira pour aller, je crois, à Florence. Il ne laisse pas ici tout en bon ordre. Il traîne ici quelque soupçon qu'il ne convient, comme on dit, ni de chercher à expliquer ni de commenter par écrit. Et même quand il n'arriverait rien — ce que je ne puis croire —, je ne veux pas me mettre la charge d'un frère sur le dos. De ceci, il ne faut ni en manifester étonnement ni en parler à personne au monde parce qu'ayant besoin d'hommes, je n'en trouverais pas qui viendraient de Florence à Bologne. Et puis, je veux croire encore que les choses iront bien. Je serai bientôt de retour et je ferai alors, s'il plaît à Dieu, pour Giovansimone et les autres [de la famille] tout ce que je pourrai pour les contenter. Demain, je vous écrirai une autre lettre, au sujet de certain argent que je veux envoyer chez nous et sur l'emploi que vous aurez à en faire…

[En post-scriptum] Autre chose : pour répondre aux extravagances dont m'accuse Lapo, je veux vous en écrire une de sa façon. Une fois, ayant voulu acheter 720 livres de cire, avant de faire cette emplette je dis à Lapo de chercher qui en vendait et de la marchander, pour qu'ensuite je lui donnasse l'argent pour l'acheter. Lapo ne fit qu'aller et venir, il me dit qu'on ne pouvait en avoir — à un sou près — pour moins de 9 ducats larges et 20 bolognais, par cent livres de cire : ce qui fait 9 ducats et 40 sous. Il ajoutait qu'il fallait prendre vite cette cire pour profiter de cette bonne occasion. Je lui dis d'aller et de s'entendre pour faire lever ces quarante sous sur les 100 livres, à ce prix je prendrais livraison. « *Les Bolognais*, me répondit-il, *sont si rapaces qu'ils ne lèveraient pas un sou de ce qu'ils demandent.* » Ce détail éveilla un soupçon dans mon esprit et je laissai passer la chose. Cependant, le jour même, j'appelai Pierre à part et je lui demandai en secret d'aller voir pour combien on pourrait acheter 100 livres de cire. Pierre alla au même magasin que Lapo et y acheta cette cire pour 8 ducats et demi les 100 livres. Je la retins et j'envoyai Pierre à ce négoce pour payer et retirer cette marchandise. Tel est le genre d'extravagances dont ce Lapo m'accuse. En vérité, je sais qu'il lui a paru étrange que je me sois aperçu de ses fourberies. Il n'avait pas assez de 8 ducats larges par mois, plus la dépense [journalière], il devait encore s'ingénier à me tromper. Maintes fois il peut y avoir réussi sans que j'en aie su rien, car j'avais confiance en lui. En effet, je n'ai jamais vu homme plus apparemment bon. Aussi je crois que, sous cette apparence de bonté, il en a trompé bien d'autres. Ne vous fiez donc à lui sur rien et, si vous le rencontrez, feignez même de ne pas le voir.

Michel-Ange à son frère Buonarroto

Bologne, 6 juillet 1507

Je t'apprends que nous avons coulé la statue [de Jules II], sans trop bonne fortune pour moi, parce que maître Bernardino, soit par ignorance, soit par malchance, n'avait pas bien fondu le métal. Il serait long de t'écrire comment. Qu'il me suffise de te dire que ma statue n'est venue que jusqu'à la ceinture, le reste de la matière, c'est-à-dire la moitié du métal est resté dans le four où il ne s'était pas fondu, de telle sorte qu'après en avoir fait l'extraction, il faudra détruire le moule. Je m'y résigne. Je le ferai refaire cette semaine, je coulerai de nouveau la semaine suivante et finirai de remplir la forme de telle sorte, puis-je croire, que la chose ira de mal en mieux, mais non sans bien grands tourments, fatigues et dépens. C'est à croire que maître Bernardino aura fondu sans feu, tant j'avais confiance en lui. Ce n'est pas à dire, cependant, qu'il ne soit pas un bon maître et qu'il n'ait pas fait avec amour ce travail. Mais qui fait peut mal faire ; qui ne fait rien ne risque pas de se tromper. Et lui s'est bien trompé, à mon dommage et au sien, mais il se l'est reproché à ce point qu'il ne peut plus lever les yeux dans Bologne. Si tu vois Baccio d'Agnollo, lis-lui ma lettre, prie-le d'en aviser San Gallo à Rome et recommande-moi à lui, à Jean de Ricasoli et à Granaccio. Je crois que, si l'affaire va bien, dans quinze ou vingt jours, j'en serai hors et je quitterai Bologne.

Michel-Ange au même

Bologne, 3 novembre 1507

Je désire bien plus que vous de m'en aller d'ici, car j'y suis dans les ennuis les plus grands et les plus extrêmes fatigues. Je n'y pense qu'à travailler et le jour et la nuit, et la fatigue qui me dure en est telle que, si j'avais à refaire une autre œuvre semblable, je ne crois pas que la vie pût m'y suffire, tant celle-ci est laborieuse. Je dis même que, si elle eût été confiée à d'autres mains, il lui serait arrivé malheur. Mais j'estime que les prières de certaine personne m'y ont aidé et tenu bien portant, encore que ce fût l'opinion de Bologne tout entière que je ne finirais jamais cet ouvrage.

Michel-Ange à son père

Rome, juin 1508

J'apprends par votre dernière lettre qu'on aurait dit, à Florence, que je suis mort. La chose importe peu puisque je vis encore. Laissez dire et ne parlez de moi à personne. Car les hommes sont méchants. Je m'applique au travail de mon mieux. Voici treize mois que je n'ai pas un sou du pape et j'espère bien en avoir, à toute force, dans un mois et demi, parce qu'alors j'aurai dépensé largement ceux que j'en ai déjà reçus. S'il ne m'en donnait pas, je serais bien forcé de m'en procurer pour rentrer à Florence, car je n'ai pas un sou vaillant. Je ne peux pourtant pas accepter de me faire voleur.

Michel-Ange à son frère Giovan Simone

Rome, juillet 1508

On dit qu'à faire du bien aux bons on devient meilleur et aux méchants plus mauvais. J'ai essayé, voici déjà plusieurs années, avec de bonnes paroles et de bonnes façons, à te remettre en bonne voie et en paix avec ton père et nous autres et, toutefois, tu deviens pire. Je ne te dis point que tu es un vilain, mais tu es tel que tu ne nous plais plus, ni à moi ni aux autres. Je pourrais te faire un long discours sur tes faits, mais ce seraient encore des paroles semblables à celles que je t'ai déjà dites. Pour abréger, j'ai à te dire une chose certaine, c'est que tu n'as au monde rien en propre. Tes dépenses et ta part de la maison, je te les donne, comme je l'ai fait depuis quelque temps, pour l'amour de Dieu, croyant que tu étais mon frère comme les autres. À présent, je suis certain que tu n'es point mon frère parce que, si tu l'étais, tu ne menacerais pas mon père. Tu es, au contraire, une bête et, comme une bête, je te traiterai. Tu dois savoir que quiconque voit menacer ou frapper son père est tenu à y mettre sa vie. Assez, là-dessus ! Je te dis que tu n'as rien en propre au monde et, comme je n'entends ici qu'une faible partie de tes actions, je saurai prendre la poste et venir jusqu'où tu es pour te montrer ton erreur et t'apprendre à ruiner ton bien et à mettre le feu à la maison et aux possessions que tu n'as pas gagnées. Et si je viens, je te ferai bien voir chose dont tu pourras pleurer à larmes chaudes et tu apprendras à connaître celui sur qui tu prends encore orgueil. J'ai à te dire aussi que si tu veux te mettre à bien faire et à honorer et révérer ton père, moi je t'aiderai, comme mes autres frères, et je vous ferai ouvrir avant peu une bonne boutique. Si tu ne fais pas de la sorte, j'irai là-bas et j'arrangerai les choses de manière que tu connaîtras qui je suis mieux que tu ne l'as jamais su. Tu sauras ce que tu as au monde et tu pourras le retenir partout où tu iras. Rien de plus. Quand les paroles me font défaut, je les complète par des actes.

Michelagniolo in Roma.

Je ne peux m'empêcher de t'écrire encore deux lignes et les voici. Depuis douze ans, j'ai essayé par toute l'Italie de toutes les misères, supporté toutes les humiliations, pâti toutes les peines, j'ai déchiré mon corps à toutes les fatigues, engagé ma vie propre dans mille périls et cela, seulement, pour aider ma maison. Et maintenant que je commence à la relever un peu, c'est toi qui te plairais à détruire et anéantir, en une heure, ce que j'ai fait en tant d'années et avec tant de peines ? Par le corps du Christ, ce ne sera pas vrai ! Car je me sens de force à mettre en pièces dix mille de tes pairs quand il en sera besoin. Crois-moi, sois sage et ne tente pas qui a de bien autres passions que toi-même.

Michel-Ange à son père

Rome, 1508

Le garçon que m'a amené le muletier a donné à celui-ci l'occasion de me soustraire un ducat. Il a juré que les accords avaient été faits pour deux ducats d'or larges. Et pourtant, à tous les garçons qui viennent ici avec les muletiers, on ne donne pas plus de 10 carlins. J'en ai eu plus de dépit que si j'avais perdu 25 ducats parce que je me rends compte que c'est le père qui, pour faire honorablement les choses, a voulu m'envoyer ce garçon sur un mulet. Ah ! je n'ai jamais joui de tant de faveur, moi ! Et en voilà bien une autre, quand le père vient me dire que ce garçon était bon à tout faire, qu'il soignerait la mule et dormirait par terre, s'il le fallait ; et c'est moi qui ai dû penser à la bête. Il ne me manquait plus que ce tracas, après tous ceux que j'ai eus depuis mon retour. L'autre garçon, que j'avais laissé à l'atelier de Rome, y est resté malade jusqu'à mon arrivée ici. Il est vrai qu'il va mieux à présent, mais il a été en passe de trépasser et est resté tout un mois sous le doute des médecins. Pendant ce temps, je ne me suis pas mis au lit. Je passe sur les autres ennuis que j'en ai eus. Et me voilà, aujourd'hui, avec cette merde sèche de drôle disant qu'il ne veut pas perdre son temps et qu'il veut apprendre. À Florence, il m'avait dit qu'il lui suffirait de deux ou trois leçons par jour. Maintenant, il n'a pas assez du jour entier et il lui faut encore toute la nuit pour dessiner. Sont-ce là les conseils du père ? Si je ne disais rien à son garçon, il objecterait que je ne veux rien lui apprendre. J'ai besoin d'être aidé et, si ce gars ne se sentait pas propre à le faire, il n'aurait pas dû me mettre en de tels frais pour lui. Ce sont des fainéants, des fainéants, vous dis-je, qui cherchent leurs aises et cela leur suffit. Je vous prie de faire enlever celui-ci de ma présence, car il m'a tant dégoûté que je n'en peux plus. Le muletier a reçu tant de monnaie qu'il peut bien, pardessus le marché, se le ramener à Florence ; en outre, il est l'ami du père. Dites au père qu'il en envoie du sien. Moi, je ne donnerai plus un sou, car je n'ai plus d'argent. Je patienterai jusqu'à ce que le père en envoie et, s'il n'en envoie pas, je mettrai son fils dehors, comme je l'avais déjà fait une fois, et d'autres fois encore. Et il ne veut pas y croire.

Michel-Ange à son frère Buonarroto

Rome, 26 octobre 1509

J'apprends que Gismondo compte venir ici pour dépêcher sa besogne. Dis-lui de ma part de ne pas trop compter sur moi, non parce que je ne l'aime comme un frère, mais parce que je ne puis l'aider en rien. Je suis tenu à aimer plutôt moi que les autres et je ne puis m'accorder les choses même nécessaires. Je suis ici en grand souci et fatigue de corps, je n'ai amis d'aucune sorte et je n'en veux pas même. J'ai si peu de temps que je ne peux manger à ma faim. C'est pourquoi ne me donne pas d'autre ennui, car je n'en pourrais supporter davantage.

Michel-Ange à son père

Rome, 1ᵉʳ septembre 1510

J'apprends par votre dernière lettre comment vont les choses. J'ai un vrai chagrin de ne pouvoir vous aider autrement. Néanmoins, ne vous en abattez pas, n'en prenez pas même une once de tristesse, car, à qui perd son bien, la vie reste. Je ferai tant pour vous que vous aurez plus que vous n'avez perdu, mais n'oubliez pas qu'il ne faut point faire cas d'argent parce que c'est chose trompeuse. Faites pourtant diligence et remerciez Dieu puisque cette épreuve devait venir, qu'elle arrivât à une heure où vous pouviez y être soulagé mieux que vous n'eussiez pu l'être dans le passé. Veillez à bien vivre et laissez plutôt aller les choses que d'en souffrir du dommage. Il m'est plus cher de vous avoir vivant et pauvre que mort avec tout l'or du monde. S'il se trouve à Florence des gens qui vous reprennent sur cette manière de voir, laissez-les dire, car ce sont là des hommes sans confiance et sans amour.

Michel-Ange à son frère Buonarroto

Rome, 17 octobre 1510

J'ai reçu, hier, 500 ducats d'or que le pape m'a envoyés par le cardinal [Lorenzo Pucci]. J'en ai donné ici à Jean Balducci [banquier], 463 1/2, pour qu'ils me soient comptés à Florence et payés par Boniface Fazzi. J'ai donné l'ordre qu'ils te soient versés. Vu la présente, tu iras chez Boniface qui te payera, c'est-à-dire qu'il te versera 450 ducats d'or. S'il ne pouvait les mettre à ta disposition avant dix jours, prends patience. De toute manière, fais-toi donner cette somme, porte-la à la direction de Sainte-Marie Nouvelle et fais-la inscrire à mon compte, comme les autres qui y sont déjà. Quand tu auras fait arranger mon compte chez le directeur avise-moi aussitôt de la somme totale que j'ai chez lui, et ne parle de cela à personne.

Michel-Ange au même

Rome, 24 février 1512

Je serai, en septembre prochain, à Florence et je ferai tout ce que je pourrai pour vous, comme je l'ai fait jusqu'à cette heure. Je suis las, plus qu'aucun homme ne le fut jamais. Cette grande fatigue ne rend pas ma santé meilleure et, pourtant, j'attends venir avec patience la fin si désirée. Vous pouvez bien patienter aussi deux mois, vous qui êtes dix mille fois mieux portants que moi-même.

Michel-Ange au même

Rome, 18 septembre 1512

J'ai appris, par ta dernière lettre, comment le pays [florentin] était en grand péril et j'en ai eu grande compassion. À présent, on dit que la maison des Médicis est de nouveau entrée dans Florence et que tout s'est arrangé. Aussi bien, je crois que le danger qui nous venait des Espagnols a cessé et je ne pense pas qu'il soit encore besoin de quitter le pays. Tenez-vous-y en paix, ne vous y faites les amis, les familiers de personne, sinon de Dieu. Ne parlez de personne, ni en bien ni en mal, parce qu'on ne sait jamais la fin des choses. Ne vous occupez que de vous. Au sujet des 40 ducats que Ludovic [son père] a prélevés à Sainte-Marie Nouvelle, je vous ai écrit, l'autre jour, une lettre pour vous dire qu'en cas de péril de la vie vous en dépensiez, non pas quarante, mais tout le reste. Hors ce cas, je ne vous donne pas la permission d'y toucher. Je vous avise que je n'ai pas même pour moi un grosso et que je suis littéralement sans chaussures et nu, et que je ne peux avoir mon reste si mon ouvrage n'est pas fini. Je souffre vraiment les plus grandes privations et fatigues. Aussi bien, quand vous auriez à supporter quelques ennuis, ne vous en rebutez point. Tant que vous pourrez vous aider de vos deniers, ne me prenez pas les miens, si ce n'est en cas de danger, comme je vous l'ai dit. Et s'il vous arrive d'avoir de grands besoins, je vous en prie, faites-le-moi d'abord savoir, s'il vous plait.

Michel-Ange à son père

Rome, 1512

Votre dernière lettre m'a appris comment vont les affaires à Florence. J'en savais déjà quelque chose. Il faut patienter, se recommander à Dieu et se garder d'errement, car ces adversités ne viennent pas d'une autre source que de la superbe et de l'ingratitude. Je n'ai jamais connu gens plus ingrats et plus fiers que les Florentins. Si la justice arrive enfin, c'est à bon droit. Les 60 ducats que vous me dites avoir à payer me semblent chose déshonnête j'en ai grand regret, mais il faut prendre le mal en patience, autant qu'il plaira à Dieu. J'en écris à Julien de Médicis deux mots que vous trouverez inclus dans cette lettre. Lisez-les et, si cela vous plaît, portez-les-lui, vous verrez s'ils vous profitent. Dans le cas contraire, pensez, s'il se peut, à vendre ce que nous possédons et nous irons vivre ailleurs. Si l'on nous fait pire, à nous, qu'aux autres, tâchez de ne point payer, laissez-vous plutôt prendre ce que vous avez et donnez m'en avis. Mais si l'on traite vos égaux comme vous-mêmes, prenez patience et espérez en Dieu, Vous me dites que vous avez pourvu à 30 ducats : prenez-en 30 autres de mon bien et envoyez-moi le reste à Rome. Portez-les à Boniface Fazi pour qu'il me les fasse payer ici par Jean Balducci. Faites-vous faire par Boniface un reçu de cet argent et joignez-le à votre prochaine lettre. Pensez à vivre et, si vous ne pouvez avoir des honneurs terrestres comme nos autres citoyens, qu'il vous suffise du pain et vivez avec le Christ en paix et pauvrement. Ici, moi-même je vis mesquinement et je n'ai cure ni de la vie ni des honneurs, c'est-à-dire du monde, et je passe mes jours dans les plus grandes fatigues et dans mille soucis. Voici déjà près de quatorze ans que je n'ai pas eu une heure de bien-être, tout ce que j'ai fait n'a eu pour but que de vous venir en aide et vous ne l'avez jamais su ni cru. Que Dieu vous pardonne tous. Je suis prêt à faire encore de même, aussi longtemps que je vivrai et que j'en aurai la force.

Michel-Ange à son frère Buonarroto

Rome, 30 juillet 1513

Le tailleur de pierres Michel m'a dit que tu lui as donné la preuve que tu aurais dépensé, à Cettignano, environ 60 ducats. Je me souviens que tu m'as dit aussi, à table, que tu avais dépensé nombreux ducats de ton bien. Je fis semblant de ne pas entendre et je ne m'étonnai de rien parce que je te connais. Je crois que tu auras marqué cette dépense et que tu en tiendras compte pour me la redemander un jour. Mais je voudrais bien savoir de ton ingratitude avec quel argent tu as gagné celui-là ; je voudrais bien savoir si tu tiens compte des 296 228 ducats que vous m'avez pris à Sainte-Mane-Nouvelle et de beaucoup d'autres centaines encore que j'ai dépensés à la maison et pour vous, et encore si tu tiens compte des ennuis et des peines que j'ai soufferts pour vous venir en aide. Je voudrais savoir si tu tiens compte de tout cela. Si tu avais assez d'intelligence pour connaître la vérité, tu ne dirais pas : « *J'ai dépensé tant de mon bien.* » Et, non plus, vous ne seriez pas venus porter jusqu'à Rome, chez moi, vos requêtes. Voyant comme je me suis comporté envers vous, au temps passé, tu devrais dire, au contraire : « *Michel-Ange sait ce qu'il nous a écrit. S'il n'agit pas de même envers nous aujourd'hui, c'est qu'il doit avoir quelque empêchement que nous ignorons.* » La patience eût mieux valu, car ce n'est pas bien d'éperonner un cheval qui court autant qu'il peut et même plus qu'il ne peut. Mais vous ne m'avez jamais connu et vous ne me connaissez pas encore. Dieu vous le pardonne parce qu'il m'a fait la grâce de supporter ce que j'ai supporté et que je supporte encore, afin que vous soyez aidés comme vous l'êtes. Vous ne me connaîtrez que lorsque vous ne m'aurez plus.

Michel-Ange au même

Rome, 16 juin 1515

Je voudrais que tu ailles trouver le directeur de Sainte Marie-Nouvelle et que tu me fasses payer 4.400 ducats de ceux qu'il a à mon avoir parce que j'ai besoin de faire, cet été, un grand effort pour finir vite ce travail. J'estime qu'ensuite je serai aux services du pape Léon X. Dans ce but, j'ai acheté peut-être 20 milliers de livres de métal pour couler certaines statues. Il me faut de l'argent. C'est pourquoi, vu la présente, fais en sorte que le directeur te fasse payer.

Michel-Ange au même

Rome, 30 juin 1515

Un de ces jours derniers, comme je passais devant la banque des Borghenni, le caissier m'a dit qu'il avait à me payer certains deniers venus à mon adresse. Je n'ai pas voulu les toucher avant que je n'aie reçu de toi une lettre m'indiquant la quantité. J'ai écrit aussi la lettre que tu m'as demandée. Je sais qu'elle n'allait pas bien parce que ce n'est pas ma profession d'écrire et que je n'ai pas la tête à la littérature. Rien de plus, pour aujourd'hui.

Michel-Ange au même

Rome, 8 septembre 1515

Tu m'écris, comme si tu croyais que j'ai plus de soucis qu'il ne convient des choses de ce monde. Eh oui ! j'ai plus de soucis pour vous que pour moi-même, ainsi que j'ai toujours fait. Je ne cours pas après les fables et je ne suis point du tout un fou, comme vous le croyez. Je pense même que vous prendrez plus de goût aux lettres que je vous ai écrites, quand quelques années seront passées dessus, que vous ne le faites à présent, si je ne me trompe. Et si je me trompe, ce n'est point chose mauvaise parce que je sais qu'en tout temps il est bon d'avoir souci de soi et de ses affaires. Je me rappelle que tu voulais prendre un certain parti, il y a environ dix-huit mois, plus ou moins, je ne le sais. Je t'écrivis alors que ce n'était pas encore l'heure et que tu devais laisser passer un an, par égard pour toi-même. À quelques jours de là, mourut le roi de France. Tu me répondis ou m'écrivis ensuite que, le roi étant mort, il n'y avait plus de péril pour l'Italie, et que je n'en finissais pas avec mes fables, enfin tu te moquais de moi. Tu vois pourtant que le roi n'est pas mort et qu'il vaudrait bien mieux pour nous que, depuis plusieurs années, vous puissiez gouverner à ma manière. Mais assez là-dessus.

Michel-Ange au même

Rome, 15 novembre 1516

J'ai appris par ta lettre que notre père Ludovic a failli mourir, mais que le médecin a dit dernièrement que le malade était hors de danger si rien d'autre ne survenait. Puisqu'il en est ainsi, je ne me mettrai pas en route parce que cela m'est très désagréable. Si notre père eût été en danger, j'aurais voulu le voir à toute force avant qu'il ne mourût, dussé-je en mourir avec lui. Mais j'ai bon espoir qu'il se portera bien et je ne viendrai pas. Si, par hasard, il arrivait qu'il rechutât — ce dont Dieu le garde et nous aussi —, fais en sorte qu'il ne manque de rien quant à son âme et aux sacrements de l'Église. Sache par lui s'il veut que nous fassions quelque chose pour son âme. Quant aux nécessités du corps, veille à ce qu'il ne lui manque rien, car je ne me suis jamais fatigué que pour lui et pour l'aider dans ses besoins avant sa mort. Ainsi, fais en sorte que ta femme veille avec amour sur les besoins de la maison paternelle, je l'en récompenserai, elle et tous vous autres, quand il en sera besoin. N'ayez aucune crainte d'y employer, s'il le faut, tout ce qui est à nous. Rien de plus. Soyez en paix et avisez-moi, car je suis en grande compassion et crainte.

Michel-Ange au même

Florence, 1515

Mon très cher,
pour t'envoyer quelques nouvelles d'ici et, entre autres, celles de la visite de notre seigneur, c'est-à-dire le pape, je t'écris ces quatre lignes, bien que je sache qu'il t'importe peu de l'apprendre. Ce sera

autant de temps gagné. Mais peut-être, à cette heure, connais-tu tout cela ? Et d'abord comment, le 30, jour de saint André, le Saint Père est entré dans Florence, je crois que tu le sais déjà. Cette entrée s'effectua avec grande dévotion, force rumeur de cris et jeux de balles, à laisser croire que le monde allait sens dessus dessous. Le pape était magnifiquement escorté de toute la cour et de nombreux citoyens du duché entier, chacun en bon ordre. Entre autres, on y voyait une escorte de jeunes gens choisis parmi les premiers de la République, tous vêtus de la même livrée en soie paon : armés de bâtons dorés, ils précédaient la sedia qui était chose belle à voir. La garde pontificale et les palefreniers entouraient celle-ci que surmontait un riche baldaquin de brocart porté par le Collège et, autour d'elle, marchait la Signoria. Ainsi, au milieu de la foule, il fut conduit en grande vénération à Sainte-Marie-des-Fleurs et là, à l'autel majeur, se fit une cérémonie. Ensuite, de la même manière, il fut porté à la salle du Pape, mais, avant de sortir, il donna l'indulgence plénière à tous ceux qui étaient dans l'église et tu peux croire qu'il y en eut à la recevoir. Quand il arriva dans cette salle, le soir étant venu, toute la cour et le reste des assistants prit congé. Le jour suivant, qui fut un samedi, le pape rendit visite à la Signoria où nous fûmes tous admis au baisement du pied. Quand le gonfalonnier eut achevé son discours, nous prîmes congé et retournâmes au palais. De trois jours pleins, les sons de cloches et les feux de bombarde ne cessèrent. Il y eut bien dix grands arcs-de-triomphe dressés en plusieurs lieux, c'était chose belle à voir et aussi l'aguglia faite à la tête du Pont de la Trinité. La façade de Sainte-Marie-des-Fleurs était aussi très bien. En somme, il s'est fait ici fête complète et les pauvres y ont eu quelques aumônes. On leur jetait à chaque instant de l'argent, à la porte de la salle du Pape, et celui-ci leur en a fait en outre distribuer beaucoup. Ainsi les charpentiers et les peintres ont bien vendangé. Malheureusement, le pauvre Baia [Jacobo di Corso] se trouvait à parler avec un ami sur la place où Sangallo et lui avaient dressé un arc, quand, le feu de l'artillerie tirant, une bietta de fer échappée d'un carré vint le frapper au genou et lui brisa la jambe. Il a fallu la lui couper et, en quatre jours, il est mort. C'est le seul accident qu'on eut à déplorer pendant les fêtes. Parti, le 3 décembre, pour Bologne, le pape y arriva le 8. Le 11, le roi [de France] l'y rejoignit et, s'agenouillant, il lui baisa le pied et lui rendit obédience avec grande dévotion. Le 13, le Saint-Père chanta la messe à San-Petronio, ce fut le jour de sainte Lucie. Le premier à lui verser l'eau sur les mains fut un grand seigneur de France, appelé monseigneur de Lanson, le second, monseigneur de Bourbon, le troisième, le grand maître [de la cour] du roi, le quatrième enfin, le roi lui-même. Le soir de ce jour, le roi soupa avec le pape et lui lava les mains pour témoigner de son obédience. Toutes ces choses furent tenues comme de grandes choses et je ne te les détaille pas parce que ce serait trop long. Puis, le 15, le roi quitta Bologne pour se rendre à Milan et, le 18 du même mois, le pape s'en revint à Florence. Il y fit son entrée le samedi 22. Le jour de Noël, il chanta la messe à Sainte-Marie-des-Fleurs, ce qui fut une belle chose et la Signoria vint lui faire sa cour. Quand la messe fut commencée et qu'il fallut laver les mains du pape, le premier des seigneurs à qui échut l'honneur de verser l'eau fut Giannozzo Salviati. Comme, ce matin-là, le sort m'avait choisi, je fus le second à verser l'eau aux mains du pape. Le troisième fut le duc de Camerino et le quatrième le gonfalonnier de justice Pier Ridolfi. La messe étant finie, le pape fit à la Signoria — c'est-à-dire au palais — don d'une riche épée drapée d'or et d'argent dans un fourreau de velours gris brodé de perles, en signe de justice et avec grande et belle cérémonie. Et puis, le cortège des nombreux prélats et cubiculaires se reformant, nous retournâmes au palais...

Michel-Ange à son père

Florence, 1516 ou 1517

J'ai été bien surpris, à votre égard, l'autre jour, quand je ne vous ai pas trouvé à la maison. Et aujourd'hui que j'apprends que vous vous plaignez de moi et que vous dites que je vous ai chassé de chez vous, je m'étonne bien davantage. Je suis sûr que jamais, depuis le jour où je naquis jusqu'à présent, il ne m'est venu à l'esprit de faire rien qui vous fût contraire. C'est par amour pour vous que j'ai enduré toutes les fatigues et vous savez bien que, depuis mon retour de Rome à Florence, je n'ai de pensée que pour vous et que ce qui m'appartient est à vous. L'autre jour encore, quand vous étiez malade, je vous ai dit et promis que, tant que je vivrais, vous ne manqueriez jamais de rien et je vous le confirme. Je m'étonne que vous ayez si vite oublié toute chose. Voici trente ans déjà que vous en faites l'épreuve, vous et vos fils, et vous savez que j'ai toujours pensé à vous faire du bien. Comment pouvez-vous dire que je vous ai chassé ? Ne voyez-vous pas la réputation que vous me faites, en laissant répéter que je vous ai mis dehors ? Il ne me manquait pas autre chose après les tourments de mon métier que j'endure par amour pour vous ! Vous m'en rendez bien méritant ! Quoi qu'il en soit, je veux croire que je vous ai fait toujours honte et dommage et, comme si j'en étais coupable, je veux vous en demander pardon. Faites comme si vous aviez à pardonner à un fils qui aurait toujours mal vécu et commis tous les méfaits qui se peuvent en ce monde. Et, de nouveau, je vous prie de me pardonner, comme à un méchant que je suis. Mais ne répandez pas autour de vous le bruit que je vous ai chassé parce que j'en aurais plus de dommage que vous ne pouvez croire. Pourtant, je n'en reste pas moins votre fils !

Michel-Ange au capitaine de Cortone

Florence, mai 1518

Monsieur le Capitaine.

Comme j'étais à Rome, la première année [du pontificat] du pape Léon [X], maître Luca, peintre de Cortone, y vint aussi et, me rencontrant un jour, dans le quartier de Monte Giordano, il me dit qu'il venait d'arriver pour parler au pape et obtenir je ne sais plus quelle chose. Il ajouta qu'il en était venu jusqu'à risquer de se faire couper la gorge par amour pour la Maison des Médicis et qu'il lui paraissait qu'aujourd'hui elle ne semblait pas le reconnaître. Il ajouta d'autres choses semblables dont je ne me souviens plus et, après ces raisonnements, il me demanda quarante jules en m'indiquant où j'aurais à les lui envoyer, c'est-à-dire à la boutique d'un certain cordonnier où je crois qu'il s'en retournait. Comme je n'avais pas cet argent sur moi, je m'étais offert de le lui envoyer et ainsi je fis. Sitôt rentré chez moi, je lui mandai ces quarante jules par un de mes garçons d'atelier qui a nom Sylvio, — je crois même qu'il est encore aujourd'hui à Rome. Dans la suite, le projet de maître Luca ne lui ayant peut-être pas réussi, il vint, quelques jours après, dans ma maison du Macello dei Corvi, — maison que j'occupe encore aujourd'hui, — et il me trouva en train de travailler à une statue de marbre en pied, haute de quatre brasses, qui a les mains levées [le *David*], et il se plaignit et me redemanda autres quarante jules, ajoutant qu'il voulait quitter Rome. Je montai à ma chambre et je lui rapportai quarante jules, en présence d'une fille de Bologne qui était à mon atelier, et même je crois du garçon qui y était encore et qui avait apporté les premiers jules. Luca prit cet argent et s'en alla à la grâce de Dieu. Je ne l'ai plus revu, mais je me rappelle qu'étant moi-même alors mal portant, je m'étais plaint de ne pouvoir travailler avant que maître Luca ne quittât ma maison. Il me répondit : « *Ne doute pas que les anges viendront du ciel pour te tenir les bras et t'aider à ton œuvre !* »

Je vous écris ces choses pour que, si elles sont répétées au maître Luca, il s'en ressouvienne et qu'il ne dise pas qu'il m'a rendu cet argent, comme Votre Seigneurie l'écrit à Buonarroto... [la lettre déchiré] au cas où vous croiriez qu'il me les ait rendus. Cela n'est pas vrai, car je serais un véritable bandit si je cherchais à avoir une deuxième fois ce que j'ai eu une première. Votre Seigneurie en pensera ce qu'elle voudra, j'ai à les recevoir encore, et je le jure ainsi, et si Votre Seigneurie veut me faire rendre raison, elle le peut...

Michel-Ange au cardinal Bernardo Dovizi da Bibbiena

Florence, juin 1520.

Monseigneur,

Je prie Votre Seigneurie Révérendissime, non comme ami ou serviteur (car je ne mérite d'être ni l'un ni l'autre), mais comme un homme vil, pauvre et fou, afin que vous fassiez en sorte que Bastiano [Sébastien del Piomboï], peintre de Venise, ait quelque part aux travaux du Palais puisque Raphaël est mort. Et quand il semblerait à Votre Seigneurie, comme je l'estime aussi, que ce service pourrait devenir inutile, je pense tout de même qu'à servir les fous on peut trouver par hasard quelque plaisir. Ainsi fait usage de la ciboule celui qui, fatigué du chapon, veut varier sa salade. Des hommes de valeur, il n'en manque pas aujourd'hui à employer. Je prie Votre Seigneurie de me donner cette preuve. Ce sera nous rendre un très grand service, car Bastiano est homme de valeur. Si l'on s'est trompé sur mon compte, il n'en sera pas de même de Bastien qui, j'en ai la certitude, fera honneur à Votre Seigneurie.

Michel-Ange à Jean Francesco, prêtre de Sainte-Marie des Fleurs

Florence, octobre 1520

J'ai la tête vide, au sujet de cette statue dont les membres pourraient être utilisés, si j'en crois un maraîcher installé sur la Place, un grand ami à moi, qui m'a dit en secret qu'on y ferait un beau pigeonnier. Une autre fantaisie me poursuit qui serait bien meilleure, mais il faudrait faire cette statue très grande et on le pourrait puisqu'on fait une tour par morceaux. La tête de cette statue servirait de campanile à San-Lorenzo qui en a grand besoin. Les cloches, placées dans la tête, feraient sortir leurs sons par la bouche et il semblerait que ce colosse crierait miséricorde, surtout aux jours de fêtes, quand on sonne plus souvent et à plus grandes volées.

Michel-Ange à son frère Buonarroto

Rome, 10 janvier 1521

Tu cherches donc qui voudrait te mettre en main deux ou trois mille ducats pour ouvrir, avec cet argent, une boutique. Cette bourse sera meilleure que la mienne. De toute manière, mon avis est que tu l'acceptes, mais garde-toi d'être trompé, car on ne trouve pas aisément qui voudrait plus de bien à autrui qu'à soi-même. Tu me dis qu'un tel autre voudrait te donner aussi sa fille pour femme et moi je te dis que toutes les offres qu'il te fait te manqueront, la femme exceptée, quand il t'aura mis celle-ci sur le dos. De ces partis, tu en auras autant que tu en voudras. Je te dirai encore qu'il ne me plait pas de te voir te mettre, par calcul, en embarras avec des hommes beaucoup plus vils que tu ne peux l'être. L'avarice est un bien grand péché ; là où il y a péché, il ne peut y avoir bonne réussite. Il me semble que tu devrais donner de bonnes paroles et suspendre cette affaire jusqu'à ce que je voie la fin des miennes ici et me rende compte de la situation. Ce sera dans trois mois ou à peu près. En attendant, fais à ta guise. Je n'ai pu te répondre plus tôt.

Michel-Ange à son père

Florence, juin 1523

Je ne réponds pas à votre lettre, si ce n'est pour les choses qui me paraissent nécessaires, pour les autres je n'en fais que plaisanterie. Vous dites que vous ne pouvez recouvrer votre paiement du Mont parce que j'aurais fait dire que le Mont est à moi. Cela n'est pas vrai et il est nécessaire que je vous réponde à ce sujet, pour que vous sachiez que vous êtes trompé par celui qui a votre confiance et qui, ayant recouvré et opéré pour son compte, vous donne à entendre le contraire pour sa commodité. Je n'ai pas fait dire que le Mont est à moi et je ne le pourrais quand même je le voudrais, mais il est bien vrai que, en la présence de Raphaël de Galliano, le notaire me dit : « *Je ne voudrais point que tes frères fassent quelque contrat sur ce Mont, de peur que tu ne le retrouves après la mort de ton père.* » Il me mena au Mont et me fit dépenser quinze grossoni pour faire ajouter la clause que personne ne le pourra vendre tant que vous vivrez et que vous en restez l'usufruitier, de votre vivant. Ainsi dit le contrat que vous connaissez bien. Je vous ai éclairé sur ce contrat et sur ce qui en a été modifié à votre intention puisque vous ne vous en contentiez pas. Je vous ai dit que ce Mont, vous pouvez le vendre à votre guise. J'ai toujours fait et défait ce que vous avez voulu. Je ne sais plus ce que vous voulez de moi. Si je vous donne l'ennui de vivre, vous avez trouvé le moyen d'y obvier. Rendez-moi ces clefs du trésor que vous dites être miennes et vous ferez bien. Car on sait, dans tout Florence, quel grand riche vous étiez et comme je vous ai toujours volé, et quelle punition je mérite : vous en serez hautement loué. Criez et dites, sur moi, ce que vous voudrez, mais ne m'écrivez plus parce que vous m'empêchez de travailler. J'ai pourtant besoin de vous marquer ce que vous avez eu de moi, depuis ces vingt-cinq dernières années. Je ne voudrais pas vous le rappeler, mais je ne puis faire autrement. Soignez-vous bien et gardez-vous de qui vous avez à vous garder, car on ne meurt qu'une fois et on ne revient pas en ce monde pour réparer les torts qu'on y a faits. Et vous avez fait patienter la mort si longtemps pour commettre de telles choses ?

Que Dieu vous assiste !

Michel-Ange à Dominique, dit Topolino, extracteur à Carrare

Florence, 25 novembre 1523

Mon bien cher maître Dominique,

Le porteur de ce mot sera Bernardino de Pier Basso qui vient chez vous pour certain bloc de marbre dont j'ai besoin. Je vous prie de l'adresser où il sera servi bien et vite. Je vous le recommande autant que je le sais et puis je n'ai rien à ajouter à ce sujet. Vous aurez appris comment Médicis été élu pape. Il me semble que cette nouvelle aura réjoui tout le monde, car j'estime qu'ici, en art, on fera beaucoup de choses. C'est pourquoi, servez-nous bien fidèlement pour qu'il y ait honneur à tous.

Michel-Ange au Pape Clément VII

Florence, 1524

Très Saint-Père,

Les intermédiaires donnant souvent raison à de grands scandales, j'ai pris la hardiesse d'écrire directement à Votre Sainteté au sujet des tombeaux de Saint-Laurent. Je dis que je ne sais ce qu'il y a de meilleur, ou le mal qui profite, ou le bien qui nuit. Fou et méchant comme je le suis, je suis certain que, si l'on m'avait suivi comme l'on a commencé, tous les marbres nécessaires à l'œuvre seraient, aujourd'hui, à Florence et ébauchés selon le modèle, avec beaucoup moins de dépenses qu'on en a faites jusqu'à cette heure. Et ce ne serait pas la chose la plus remarquable de celles que je me suis chargé de conduire.

À présent, je vois que cette affaire traîne et je ne sais comment elle se comporte. C'est pourquoi, je m'excuse auprès de Votre Sainteté afin que, si l'entreprise ne répond pas à ses désirs, comme je n'y ai pas mis d'autorité, il me paraît qu'on n'y mettra pas de ma faute. Si, au lieu de ne me laisser aucune initiative dans la direction de mon art et des hommes que j'y emploie, on me permet d'obliger le serment et on me donne toute libre commission, on verra ce que je ferai et le résultat que j'obtiendrai, à ce prix. Stefano [di Tommaso] a fini de placer, sur le faîte de la chapelle de Saint-Laurent, la lanterne aujourd'hui découverte. Elle plaît généralement à tout le monde et il en sera de même, j'espère, pour Votre Sainteté, quand elle la verra. On fait faire la boule qui la surmontera d'environ une brasse. Pour la distinguer des autres, j'ai pensé de la faire faire à facettes et ainsi la fait-on.

Michel-Ange au major Giovanni Spina

Florence, 1524

Mon cher Giovanni,

La plume étant toujours plus animée que la langue, je vous écris ce que plusieurs fois, ces jours derniers, je ne me suis pas enhardi de vous dire verbalement. Le voici : Étant donnés les temps présents, contraires à mon art, je ne sais si j'ai à espérer d'autres provisions. Si j'étais certain de n'en plus avoir, je n'en continuerais pas moins à travailler de tout mon pouvoir pour le pape, mais, je ne tiendrais pas maison ouverte, par égard pour les frais que vous savez que je subis, lorsque je pourrais m'en tirer avec moins de dépenses et je vous enlèverais aussi l'ennui de la location. Tant que la provision suivra, je resterai ici comme précédemment et je m'évertuerai à faire mon devoir. Mais je vous prie de me dire ce que vous entendez faire, afin que je pense à arranger mes affaires en conséquence.

Michel-Ange à ser Giovan Francesco Fattucci

Florence, janvier 1524

[…] Quant à mes affaires, puisque vous êtes mon intendant selon la volonté du pape, je vous prie de me bien traiter, comme vous l'avez toujours fait. Car vous savez que, pour tant de bienfaits reçus de vous, je vous suis plus débiteur que ne le sont, comme on dit à

Florence, les crucifiés de Sainte-Marie-des-Fleurs envers le cordonnier Noca.

Michel-Ange au même

Florence, janvier 1524

Messer Giovan Francesco,

Vous me demandez dans une de vos lettres où en sont mes affaires avec le pape Jules. Je vous répondrai que, si je pouvais demander des dommages et intérêts, j'aimerais mieux avoir à retenir qu'avoir à donner. Quand il m'envoya chercher à Florence, — c'était, je crois, la seconde année de son pontificat —, je m'étais employé à faire la moitié de la salle du Conseil de Florence, je veux dire à la peindre, pour le prix de 3 000 ducats. Le carton en était déjà fait — comme tout Florence le sait — et il me semblait avoir ainsi gagné mon salaire. Des douze apôtres que j'avais encore à faire pour Sainte-Marie-des-Fleurs, un seul était ébauché, comme on le voit encore ; et déjà j'avais amené (de Carrare) la plus grande partie des marbres (pour le tombeau du pape).

Quand le pape Jules m'eut enlevé à ce travail, je n'eus plus rien ni de ce projet ni de l'autre. Dans la suite, étant à Rome avec le même pape Jules qui m'avait commandé son tombeau où devaient entrer mille ducats de marbre, il me les fit payer en m'envoyant à Carrare pour en extraire d'autres. Je restai là, huit mois, à faire des ébauches et j'amenai la plus grande partie des marbres sur la place de Saint-Pierre. L'autre partie resta à Ripa. Quand j'eus fini de payer les bateliers porteurs des marbres, de l'argent reçu pour cet ouvrage, je fournis, de ma poche, la maison que j'avais sur la place de Saint-Pierre, je l'approvisionnai de lits et autres ustensiles et, confiant dans l'espoir de ce tombeau, je fis venir des marbriers de Florence pour travailler avec moi (il en est qui vivent encore) et je leur fis leurs payes avec mon argent.

En ce temps-là, le pape Jules changea d'avis et ne voulut plus de son tombeau. Ignorant sa pensée, comme j'étais allé lui demander des fonds, je fus chassé de l'appartement. Pour cette insulte je quittai Rome sur-le-champ. Mal en prit au bien que j'avais chez moi et les marbres que j'avais amenés restèrent sur la place de Saint-Pierre jusqu'à la création du pape [Léon X], en sorte que, d'une part comme de l'autre, la chose alla très mal. Entre autres preuves que je peux avancer, Agostino Ghigi fit enlever de Ripa deux blocs de quatre brasses et demie chacun qui m'avaient coûté plus de cinquante ducats d'or et cette substitution pourrait m'être remboursée puisqu'il y a des témoins. Mais pour en revenir aux marbres, il se passa plus d'un an entre le temps où j'allai les chercher à Carrare et celui où je fus chassé du palais, de ce temps-là je n'eus jamais nul dédommagement et il m'en coûta maintes dizaines de ducats. De plus, la première fois que le pape Jules alla à Bologne, je fus forcé de m'y rendre avec la corde au cou pour lui demander pardon. Alors il me donna à faire sa statue de bronze, haute d'environ 7 brasses. Quand il me demanda l'argent qu'il y faudrait, je lui répondis que je croyais pouvoir la fondre avec mille ducats, mais que ce n'était point là mon métier et que je ne voulais en prendre aucune obligation. Il me répondit : « *Va, travaille et coule-la, jusqu'à ce qu'elle vienne à point et je te donnerai tant que tu seras content.* »

Pour abréger, je vous dirai qu'on la coula deux fois et que, au bout de deux ans que j'avais passés là, je me trouvais avoir reçu quatre ducats et demi. De ce temps-là, je n'eus pas autre paye et, pour toutes les dépenses que j'y fis et les deux ans que j'y passai, on ne me compta que les mille ducats dont j'avais estimé la fusion. Cette somme me fut payée, en plusieurs fois, par Messer Antonio-Maria de Legnia de

Bologne. Quand j'eus placé la statue sur la façade de San-Petronio et que je fus de retour à Rome, le pape Jules ne voulut encore pas que je fisse sa sépulture et il m'employa à peindre la voûte de Sixte.

Nous fîmes contrat pour trois mille ducats. Les premiers dessins de ce travail furent les douze apôtres à figurer dans les lunettes, le reste de l'espace devant être rempli d'ornements comme on en use. Quand j'eus commencé ce travail, il me sembla que je faisais là pauvre chose et je dis au pape comment, en faisant les Apôtres ainsi seuls, il me paraissait que je faisais pauvre chose. Il me demanda pourquoi. Je lui répondis : « *Parce qu'ils furent pauvres eux aussi !* » Alors il me donna nouvelle commission de faire ce que je voudrais et qui me satisferait, et de peindre aussi les sujets figurant dessous. En ce temps-là, la voûte étant à peu près finie, le pape retourna à Bologne. J'y allai aussi deux fois, pour l'argent que j'avais à en recevoir. Je ne fis donc rien et je perdis tout ce temps, jusqu'au retour à Rome. Revenu à Rome, je me mis à faire les cartons pour cette œuvre, c'est-à-dire pour les têtes et pour les faces entourant la chapelle de Sixte, espérant toujours avoir de l'argent et finir le travail.

Je ne pus jamais rien obtenir. Comme un jour, en compagnie de Messer Bernardo da Bibbiena et d'Attalente, je me plaignais de ne pouvoir rester à Rome, et que je n'avais plus qu'à aller chez… le bon Dieu, Messer Bernardo dit à Attalente qu'il lui rappelât cette affaire, car il voulait à toute force me faire donner de l'argent. Il me fit verser 2 000 ducats de la Chambre apostolique, ce sont ceux qui, ajoutés au premier mille dont je payai les marbres, me mettent en compte pour le tombeau [du pape Jules] et j'estimais en mériter beaucoup plus pour le temps perdu et pour l'ouvrage fait. Et même sur cesdits deniers, comme Messer Bernardo et Attalente avaient réussi à me les faire payer, je donnai à l'un 100 ducats et à l'autre 50. Ensuite survint la mort du pape Jules. Au commencement du règne du pape Léon, [le cardinal] d'Agen voulant agrandir le tombeau, c'est-à-dire faire œuvre plus importante que le dessin que j'avais d'abord présenté, on fit un contrat nouveau. Et comme je m'opposais à ce qu'on mit au compte du tombeau les 3 000 ducats que j'avais reçus et que je prouvais que j'avais à en recevoir bien davantage, Agen me dit que j'étais un bandit.

Michel-Ange à Sebastiano del Piombo

Mai 1525

Mon très cher Sebastiano,

Hier soir, notre ami, le capitaine Cuio et quelques autres gentilshommes, voulurent me faire la courtoisie de me recevoir à dîner avec eux. J'y éprouvai un très grand plaisir parce que cela me sortait un peu de ma mélancolie, je veux dire de ma folie. Et je n'eus pas plaisir seulement du repas qui fut des plus agréables, mais j'en eus plus encore des propos qui s'y tinrent. Ces propos augmentèrent surtout ma joie quand j'entendis le capitaine Cuio citer votre nom. Et il ne s'en tint pas là, car ensuite je me réjouis bien plus encore pour l'art, quand j'entendis dire par le capitaine que vous n'avez pas votre pareil au monde et que vous êtes ainsi réputé dans Rome. Si j'avais pu prendre à ce repas plus de plaisir encore, c'est à ces propos que je l'aurais dû. Ainsi donc mon jugement personnel n'est pas faux et je vous prie de croire que je dis vrai quand je vous écris que vous êtes sans pareil. Trop de témoignages l'affirment et, grâce à Dieu, voici devant moi un tableau qui en fait foi pour quiconque voit clair.

Michel-Ange à ser Giovan Francesco Fattucci

Florence, 24 octobre 1525

Je réponds à votre dernière. Les quatre statues projetées ne sont pas encore finies et il y a beaucoup à faire [tombeaux des Médicis à la chapelle de Saint-Laurent]. Les quatre autres, qui représenteront les fleuves, ne sont pas commencées parce qu'il n'y a pas de marbres pour elles. Et pourtant ils étaient là. Je ne vous écris pas la raison pour laquelle ils ont disparu parce que ce n'est pas mon affaire.

Quant au tombeau du pape Jules, il me plaît de faire une sépulture semblable à celle de Pio dans Saint-Pierre, comme vous me l'avez écrit et je la ferai faire ici peu à peu, aujourd'hui un morceau et demain l'autre et je la payerai de mon argent puisque j'en ai une provision et que, comme vous dites, la maison me reste — je veux dire la maison que j'habitais à Rome, avec les marbres et le mobilier qui en est resté. Je ne veux rien avoir à leur donner — je veux parler des héritiers du pape Jules —, rien, dis-je, de ce que j'ai reçu pour ce tombeau, si ce n'est le tombeau lui-même. Il sera, dis-je, comme celui de Pio à Saint-Pierre. On y mettra le temps qu'il y faudra et j'en ferai les statues moi-même. En m'appliquant aussi cette provision, comme j'ai déjà dit, je n'en mettrai pas moins au service du pape Clément les forces qui me restent. Elles sont faibles, parce que je suis vieux.

Quoi qu'elles vaillent, elles m'aideront à affronter les dédains qu'on m'adresse. Avec elles, je puis encore beaucoup. Voilà plusieurs mois qu'on ne m'a pas laissé faire à ma guise. Il est impossible de travailler à une chose avec les mains et à une autre chose avec le cerveau et, surtout, à un ouvrage de marbre. On dit, ici, que ces dédains sont faits pour m'éperonner et moi je dis que les éperons sont mauvais quand ils font retourner en arrière. Voici l'année passée et je n'ai pas touché encore ma pension, je me bats avec la pauvreté. Je suis bien seul à mes ennuis, et j'en ai tant qu'ils me tiennent plus occupé que l'art même.

Michel-Ange à Baptiste delia Palla

Venise, 15 septembre 1529

Mon cher ami,

J'ai quitté notre ville, comme je crois que vous l'avez appris, pour aller en France et j'arrive à Venise. Je me suis informé du chemin et l'on m'a répondu que, pour aller là-haut, il faut passer en terre allemande où il est dangereux et difficile de voyager. J'ai pensé de m'en entendre avec vous, pour le cas où il vous plairait que nous fassions route ensemble. Je vous prie de me donner votre avis, si vous voulez que je vous attende, pour que nous voyagions de compagnie. Je suis parti sans mot dire à aucun de nos amis, dans le désordre de mes affaires et bien que, comme vous le savez, je voulusse à toute force aller en France et que j'en eusse plusieurs fois fait la demande que l'on m'a toujours refusée, je n'en étais pas moins résolu d'attendre avec appréhension la fin de la guerre.

Mais, mardi matin, 21 septembre, quelqu'un vint me rejoindre, hors de la Porte San-Niccolo, sur les bastions où j'étais et il me dit à l'oreille qu'il n'y avait plus à essayer de vivre à Florence. Il vint à la maison avec moi, traça un plan de route et me conduisit à cheval, sans vouloir me laisser avant de m'avoir mis hors de la ville et démontré que c'était pour mon bien. Est-ce Dieu ou le Diable, je ne le sais. Je vous prie de répondre à cette lettre, le plus tôt que vous le pourrez, parce que le désir d'aller me consume ; et si vous n'êtes pas d'humeur de voyager, je vous prie encore de m'en aviser pour que je prenne le meilleur parti possible.

Michel-Ange à Sebastiano del Piombo

Rome, 26 juin 1531

Mon cher Sebastiano,

je vous donne trop d'ennuis. Allez en paix et pensez de chercher plus de gloire à ressusciter les morts qu'à faire des figures qui paraissent vivantes. Quant au tombeau de Jules, j'y ai pensé plus d'une fois. Comme vous me l'écrivez, il me semble qu'il y aurait deux moyens de s'en débarrasser : l'un de le faire, l'autre de le donner à faire avec l'argent qu'il y faudrait. De ces deux résolutions, il ne convient de prendre que celle qui plaira au pape. À mon avis, si je m'en charge, je déplairai au pape parce que je ne pourrai vaquer aussi à ses projets. C'est pourquoi, il faudrait persuader aux autres — je veux dire à ceux qui s'occupent des affaires du pape Jules — de prendre l'argent et de faire la chose eux-mêmes. Je donnerai dessins et modèles et tout ce qu'ils voudront, avec les marbres déjà travaillés. En y ajoutant 2.000 ducats, je crois qu'on pourrait faire un beau tombeau et voilà des hommes jeunes qui le feraient bien mieux que moi. Si l'on s'arrêtait à ce dernier projet de recevoir l'argent et de faire l'ouvrage, je pourrais compter aux artistes 1.000 ducats d'or et les autres 1.000 ensuite…

Je ne vous dirai pas comment je me trouve aujourd'hui parce que ce n'est pas le moment. Sachez seulement que, des 3.000 ducats que j'ai portés à Venise en or et en argent, il n'en restait plus que 50 quand je revins à Florence. La seule Commune m'en avait pris 1.500. Je n'en peux plus ; mais il y a encore peut-être moyen de m'en tirer. C'est ainsi que j'espère en la faveur que me promet le pape.

Michel-Ange à Monsignore Marco Vigerio, évêque de Sinigaglia

s.d.

Monseigneur,

Votre Seigneurie m'envoie dire que je peigne et ne doute de rien. Je réponds qu'on peint avec le cerveau et non avec les mains et que celui qui n'a pas son cerveau s'expose au blâme. Aussi bien, tant que cette affaire ne s'arrangera pas, je ne ferai rien de bon. La rectification du dernier contrat ne me parvient point et, en vertu de cet autre contrat passé en présence de Clément [VII], je suis chaque jour lapidé, comme si j'avais crucifié le Christ.

Je dis que cedit contrat ne fut pas lu en présence du pape Clément dans les termes dont j'eus ensuite la copie. Voici comment la chose arriva. Ce jour-là, le pape Clément m'ayant envoyé à Florence, Gian Maria [Della Porta], ambassadeur de Modène, s'en vint chez le notaire et fit amplifier le document à sa manière, de telle sorte que, lorsque je retournai et que je contrôlai ce contrat, j'y trouvai ajoutés plus de mille ducats qui n'y avaient pas précédemment figuré. J'y trouvai stipulé le séquestre de la maison que j'habite et certains autres points capables de me ruiner. Clément [VII] ne les aurait pas supportés et Fra Sebastiano m'est témoin qu'il voulut que j'allasse me plaindre au pape et que je fasse citer le notaire. Je ne le voulus point parce que je ne me regardais pas obligé à une chose que je n'aurais pu faire si j'eusse été laissé sans appui.

Je jure que je n'ai pas reçu l'argent dont parle ce contrat, malgré l'affirmation de Gian Maria disant que je l'aurais reçu. Mais supposons que je l'aie reçu et que je ne puisse m'affranchir du contrat ; supposons que j'en aie même reçu d'autres, s'il s'en trouve encore, et qu'on fasse un faisceau de tous ces arguments. Qu'on regarde, d'autre part, ce que j'ai fait pour le pape Jules, à Bologne, à Florence et à Rome, en bronze, en marbre et en peinture, tout le temps que je travaillai pour lui — c'est-à-dire pendant tout son pontificat — et que l'on voie ce que j'ai mérité. Je dis, en bonne conscience — vu la provision que le pape Paul me donne —, qu'il me reste à recevoir des héritiers du pape Jules la somme de cinq mille écus. Je dis encore ceci que, par ma faute, ayant eu du pape Jules une si pauvre récompense pour m'être tant fatigué et m'être si mal gouverné, je mourrais aujourd'hui de faim si je ne comptais pas sur ce que le pape Paul m'a accordé.

Aux termes de ces ambassadeurs, il parait qu'il m'aurait fait riche et que j'aurais volé l'autel. Ils en font grand tapage. Je saurais bien trouver le moyen de les faire taire, mais à quoi bon ! Gian Maria, ambassadeur intérimaire du vieux duc [Francesco Maria della Rovere], lorsque fut fait ledit contrat en présence de Clément et que, de retour de Florence, je commençais à travailler pour le tombeau de Jules, me demanda si je voulais faire grand plaisir au duc. En ce cas je n'avais qu'à envoyer au… bon Dieu ce monument, car il n'avait plus souci de cette sépulture et il voyait d'un mauvais œil que je servisse le pape Paul. Je compris alors pourquoi il avait fait figurer la maison dans le contrat : c'était pour m'en chasser et y danser en maitre… Je me trouve avoir ainsi perdu toute ma jeunesse, lié à ce tombeau où ne m'ont pas permis de travailler les papes Léon et Clément et la crédulité excessive, que ma conscience n'a pas voulu contrôler, a causé ma ruine. Ainsi le veut ma fortune. J'en vois beaucoup qui, avec deux mille et trois mille écus de traitement, se reposent tranquilles dans leur lit et moi, avec d'excessives fatigues, je m'évertue à m'appauvrir.

Pour en revenir à la peinture, je ne peux rien refuser au pape Paul. Je peindrai mécontent et je ferai des mécontents. J'écris ceci à Votre Seigneurie pour que, quand l'occasion s'en présentera, vous puissiez mieux dire la vérité au pape. J'aimerais bien qu'il l'entende et qu'il sache à quoi tient cette guerre qu'on me fait. Qui a à entendre, entende ! Serviteur de Votre Seigneurie, Michel-Ange. J'aurais autre chose à dire, et le voici. Cet ambassadeur a avancé que j'aurais prêté à usure l'argent du pape Jules et que je me serais fait riche à ce commerce. Comme si le pape Jules m'avait précédemment compté 8.000 ducats ! Quand il parle de l'argent que j'ai eu pour le tombeau, veut-il entendre les dépenses que j'ai faites en ce temps-là pour ce travail ? Il verra alors que cette somme égale celle que devrait formuler le contrat passé sous le pontificat de Clément. En voici la raison. La première année où le pape Jules me commanda ce tombeau, je passai huit mois à Carrare pour l'extraction des marbres que j'amenai jusque sur la place de Saint-Pierre où j'avais mon logis derrière Sainte-Catherine. Ensuite le pape Jules ne voulant plus faire son tombeau pendant sa vie, je me mis à peindre. Plus tard, il me retint deux ans à Bologne pour lui couler en bronze la statue qui fut depuis brisée. Ensuite, revenu à Rome, je restai avec lui jusqu'à sa mort, tenant toujours maison ouverte sans retenue ni provision, vivant toujours de l'argent du tombeau, car je n'avais pas d'autres rentrées. Après la mort de Jules, le cardinal d'Agen voulut continuer le tombeau, mais agrandi. C'est pourquoi, je fis porter les marbres au Macello dei Corvi et je fis exécuter la partie du monument qui est murée à Saint-Pierre-aux-Liens dont j'exécutai les figures que j'ai à l'atelier.

En ce temps-là, le pape Léon, ne voulant plus que je travaillasse à ce tombeau, feignit de vouloir faire à Florence la façade de Saint-Laurent et il m'envoya au cardinal d'Agen pour que j'obtinsse, à toute force, la permission de m'occuper en même temps à Florence du tombeau du pape Jules. Quand je fus là-bas pour cette façade de Saint-Laurent, comme il n'y avait plus les marbres extraits pour le tombeau du pape Jules, je retournai à Carrare où je séjournai treize mois. J'en fis extraire d'autres marbres que j'amenai à Florence où, après avoir construit un atelier pour cet ouvrage, je commençai à travailler. Alors le cardinal d'Agen manda, pour me presser, Messer Francesco Pallavicini qui est aujourd'hui évêque d'Aléria. Celui-ci vit à l'atelier tous les marbres et les statues ébauchés pour le tombeau — ils y sont encore aujourd'hui. Voyant les travaux que je faisais pour cette sépulture, [le cardinal] Médicis, qui était à Florence, ne me laissa pas continuer et, ainsi, j'en fus empêché jusqu'à ce que [le cardinal] Médicis devînt [le pape] Clément, à tel point qu'en sa présence fut rédigé le dernier contrat de ce tombeau où il fut stipulé que j'avais reçu les mille ducats que l'on dit avoir été prêtés par moi à usure.

Je veux même confesser un péché à Votre Seigneurie. Pendant que j'étais à Carrare où je restai près d'un mois pour ce tombeau, comme l'argent me manquait, je dépensai, pour les marbres de cette œuvre, 1.000 écus que m'avait envoyés le pape Léon [X] pour la façade de Saint-Laurent ou pour me tenir occupé, loin de Rome. Je lui en fis paroles pour lui en soumettre les difficultés et je ne le fis que pour l'amour de l'œuvre que j'avais entreprise. Et, aujourd'hui, j'en suis payé en m'entendant appeler voleur et usurier par des ignorants qui n'étaient pas, alors, de ce monde. Je vous écris cette histoire, Monseigneur, parce que j'ai à cœur de me justifier par elle auprès de vous, comme auprès du pape à qui on a médit de moi, selon ce que m'écrit messer Pier Giovanni qui a eu à me défendre, ajoute-t-il. Je l'écris aussi pour que, lorsque Votre Seigneurie verra l'occasion de pouvoir dire un mot pour ma défense, elle le fasse. Car j'écris ici la vérité. À la face des hommes — je ne dis pas devant Dieu —, je me tiens pour un homme de bien parce que je n'ai jamais trompé personne et aussi parce qu'à me défendre contre les méchants il faut parfois que je devienne fou, comme vous le voyez.

Je prie Votre Seigneurie, quand elle en aura le temps, de lire cette histoire et de me la conserver et de retenir qu'il est encore des témoins pour affirmer la vérité de grande partie des choses qui sont écrites ici. Je serais heureux que le pape la connaisse et aussi tout le monde, parce que ce que j'écris est vrai et que je suis, non un voleur usurier, mais un citoyen de Florence, noble et fils d'homme de bien — et non pas issu des Cagli ! Quand j'eus écrit ceci, je reçus un message de l'ambassadeur d'Urbin disant que, si je voulais que la rectification fût faite, il faudrait que j'y accommodasse aussi ma conscience. Ma réponse est qu'il sait se fabriquer un Michel-Ange dans son cœur avec cette matière dont il est fait lui-même. S'il vous faut continuer encore l'histoire de ce tombeau du pape Jules, je peux vous dire que lorsque celui-ci changea de fantaisie — c'est-à-dire de le faire, sa vie durant, comme je l'ai déjà dit —, alors que les barques chargées des marbres que j'avais commandés à Carrare venaient d'aborder à Ripa et que je ne pouvais obtenir de l'argent du pape qui se repentait de cette œuvre, il me fallut, pour payer les bateliers, trouver 150 ou mieux 200 ducats. Je me les fis prêter par Balthazar Balducci, banquier de Messer Jacopo Gallo. Et, comme arrivaient aussi en ce temps-là, de Florence, les marbriers que j'avais embauchés pour cette sépulture — et il en est encore de vivants — ayant moi-même fourni les lits et autres ustensiles pour les hommes du carré, ainsi que toutes autres choses nécessaires au travail du tombeau, dans la maison que m'avait donnée le pape Jules derrière Sainte-Catherine, il me sembla que, sans argent, mon embarras allait grandir.

Voulant forcer le pape à donner suite à l'affaire autant que je le pouvais, un matin que j'étais allé pour lui parler de ce compte, il me fit congédier par un palefrenier. Un évêque de Lucques, témoin de cette chose, dit au palefrenier : « *Vous ne connaissez donc pas cet homme ?* » Et le palefrenier me dit : « *Pardonnez-moi, gentilhomme : j'ai commission de faire ainsi.* » J'allai à la maison et j'écrivis au pape ceci : « *Saint-Père, j'ai été, ce matin, chassé du Palais, de la part de Votre Sainteté. En conséquence je vous fais entendre que, dorénavant, si vous me voulez, vous aurez à me chercher ailleurs qu'à Rome.* » Et j'envoyai cette lettre à Messer Agostino, échanson, pour qu'il la donnât au pape. J'appelai aussitôt un certain Cosimo, menuisier qui restait avec moi pour réparer la maison et, en outre, un marbrier qui vit encore aujourd'hui et qui était aussi avec moi, et je leur dis : « *Allez chercher un juif, vendez ce qui est à la maison et venez-vous-en à Florence.* » Et je montai en poste pour regagner Florence. Ayant reçu ma lettre, le pape manda derrière moi cinq cavaliers qui me rejoignirent à Poggi Bonzi environ vers la troisième heure de la nuit. Ils me présentèrent une lettre du pape qui disait : « *Aussitôt lue la présente, sous peine de notre disgrâce, tu as à retourner à Rome.* » Les estafettes voulurent que je répondisse pour témoigner qu'ils m'avaient rencontré. Je répondis au pape que toutes les fois qu'il me rappellerait à mes engagements, je m'empresserais de rentrer, mais qu'en dehors d'eux, il n'espérât point de m'avoir jamais.

Pendant que j'étais à Florence, le pape Jules envoya trois brefs à la Signoria. Au dernier, la Signoria me fit rechercher et me dit : « *Nous ne voulons pas risquer la guerre, pour toi, avec le pape Jules. Il faut que tu t'en ailles. Si tu veux retourner à lui, nous te ferons des lettres si bien autorisées que, s'il fait injure à ta personne, il la fera à la Signoria.* » Et ainsi fit-elle et je retournai au pape. Ce qui suivit serait long à dire. Qu'il me suffise d'ajouter que cette affaire me causa un dommage de plus de 1 000 ducats parce que, étant ainsi parti de Rome, on en fit grand tapage au détriment du pape. Tous les marbres que j'avais sur la place de Saint-Pierre y furent saccagés et, de préférence, les petits morceaux, de sorte que j'eus à en refaire la provision une autre fois. En conséquence, je dis et affirme que j'en ai pour 5 000 ducats de dommages et intérêts avec les héritiers du pape Jules. Et c'est celui qui m'a volé, toute ma jeunesse, et mon honneur et mon bien, qui m'appelle voleur ! Et de nouveau, comme je l'ai précédemment écrit, l'ambassadeur d'Urbin m'envoie dire de corriger d'abord ma conscience, et que la rectification du duc viendra ensuite

! Avant de m'avoir fait déposer 1 400 ducats, il ne parlait pas de la sorte.

Sur toutes ces choses dont j'ai écrit, je peux errer pour le temps, avant ou après, tout le reste est vrai, encore plus que je ne l'ai écrit. Je prie Votre Seigneurie, pour l'amour de la vérité, de lire ces choses quand il en sera temps afin que, à l'occasion, elle puisse me défendre contre ceux qui disent du mal de moi sans preuve aucune et qui, avec leurs fausses informations, m'ont fait passer aux yeux du duc pour un bandit. La raison de toutes les discordes qui naquirent entre le pape Jules et moi fut la jalousie que Bramante et Raphaël d'Urbin exercèrent contre moi. Ce fut la cause pour laquelle le tombeau de ce pape ne fut pas continué, durant sa vie. On voulait me ruiner. Et il avait bien raison de le faire, ce Raphaël qui, de tout ce qu'il savait en art, ne le savait que par moi.

Michel-Ange à Phébus de Poggio

Florence, décembre 1533

Vous me portez grande haine et je ne sais pourquoi. Je ne crois pas que ce soit pour l'amour que je vous garde, mais pour les paroles d'autrui auxquelles vous ne devriez pas ajouter foi. Je ne peux cependant m'empêcher de vous écrire ceci. Je pars demain et vais à Pescia trouver le cardinal de Cesis et messer Balthazar. Avec eux, J'irai jusqu'à Pise et ensuite à Rome et je ne retournerai plus par ici. Je vous fais savoir que, tant que je vivrai, partout où je serai, je me mettrai toujours à votre service avec autant de foi et d'affection qu'aucun autre ami en puisse avoir au monde. Je prie Dieu qu'il vous ouvre les yeux pour une autre réponse, afin que vous sachiez que celui qui désire votre bien plus que son salut propre sait aimer comme un ami, et non haïr comme un ennemi.

Michel-Ange à messer Pietro Aretino

Rome, septembre 1537

Magnifique messer Pietro, mon seigneur et frère,

En recevant votre lettre, j'ai eu plaisir et peine à la fois. Je me suis beaucoup réjoui d'aller vous voir parce que votre valeur est unique au monde, et j'en ai eu un vif regret parce qu'après avoir lu, en grande partie, votre histoire, je ne peux la reproduire dans mon œuvre. Votre imagination est telle que, si le jour du Jugement était arrivé et que vous l'eussiez vu en personne, vos paroles ne sauraient mieux le dépeindre.

Pour ce qui est de répondre à mes lettres, je vous en exprime non seulement ma gratitude, mais je vous supplie de le faire encore, alors que les rois et les empereurs estiment pour souveraine faveur que votre plume les nomme. Par ainsi, s'il est quelque chose de moi qui vous soit agréable, je vous l'offre de tout cœur. Mais si vous dites que vous ne voulez venir à Rome que pour y voir la peinture que je fais, je vous prie de renoncer à ce projet, car il serait excessif. Je me recommande à vous.

Michel-Ange à son neveu Leonardo, fils de Buonarroto

Rome, juillet 1540

J'ai reçu, avec ta lettre, trois chemises qui m'ont bien surpris. Elles sont de toile si grossière qu'on ne trouverait pas un paysan qui ne rougirait de les porter. Et quand bien même la toile en fût plus fine, je m'en voudrais que vous me les ayez envoyées parce que, quand j'aurai besoin de chemises, j'enverrai de l'argent pour m'en acheter.

Michel-Ange au même

Rome, novembre 1541

J'ai appris la mort de Marguerite et j'en ai eu plus de douleur que si la défunte eût été ma sœur parce que c'était une femme de bien. Elle avait vieilli chez nous et m'avait été recommandée par notre père. Aussi bien, Dieu sait que j'étais disposé à faire quelque chose pour elle, il ne lui a pas plu qu'elle attendit. Il faut prendre patience. Il faut aussi penser à gouverner la maison sans trop compter sur moi parce que je suis vieux et qu'avec grand'-peine je me gouverne moi-même. Si vous êtes unis et en paix ensemble, vous aurez les moyens de louer une bonne servante et vivre en hommes de bien. Tant que je serai de ce monde je vous aiderai ; mais si vous faites mal, je m'en laverai les mains.

Michel-Ange à messer Niccolo Marteli

Rome, 20 janvier 1542

Messer Niccolo,

J'ai reçu, par messer Vincent Perini, une lettre contenant deux sonnets et un madrigal. La lettre et le sonnet qui me sont adressés sont choses admirables, à ce point que l'auteur le plus châtié ne pourrait trouver raison de les châtier encore. Vos écrits, il est vrai, me réservent tant de louanges que, si je portais le paradis dans mon sein, elles seraient plus que suffisantes. Vous vous êtes imaginé, je le vois bien, que je suis un homme tel que Dieu a voulu que je fusse. Je ne suis qu'un pauvre homme et de peu de valeur qui va se fatiguant dans l'art que Dieu m'a permis de connaître pour allonger la vie le plus qu'il me sera possible. Mais, qui que je sois, je reste votre serviteur et celui de toute la maison des Martelli. Je vous remercie de votre lettre et de vos sonnets, mais non assez pour ne point rester votre obligé.

Je ne saurais atteindre à assez haute courtoisie et je suis pour toujours vôtre. (Bibl. Nat. de Florence.)

Michel-Ange à son neveu Leonardo, fils de Buonarroto

Rome, 15 avril 1542

Quand tu m'écris, ne mets sur tes lettres ni Michelagnolo Simoni ni sculpteur. Il suffit de dire Michelagnolo Buonarroti. C'est ainsi que je suis connu ici.

Michel-Ange à messer Luigi del Riccio

Rome, 1542

[…] J'ai envoyé ce madrigal, il y a quelque temps, à Florence. Aujourd'hui, l'ayant refait plus convenablement, je vous l'envoie pour que, si tel est votre plaisir, vous le jetiez au feu, je veux dire à celui qui me brûle. Je voudrais de vous une autre faveur, et ce serait celle de me tirer d'une certaine Cléopâtre perplexité où cette dernière nuit m'a laissé. Je rêvais que je saluais notre idole et il m'a semblé qu'elle me menaçait en riant. Ne sachant à quoi m'en tenir, je vous prie de vous en entendre avec elle-même et de m'en aviser lorsque, dimanche, vous l'aurez revue.

Michel-Ange au même

Rome, 1542

Je vous envoie un sac de manuscrits afin que votre courtoisie voie lesquels il faut présenter à Cortèse. Je vous prie de dire à Urbino de les faire copier, de les attendre, de les payer et de les porter à Cortèse. Pour vous éviter aujourd'hui une telle sollicitude, Urbino me rapportera ces écrits que je vous renverrai une autre fois quand il en sera temps. Je vous prie aussi de m'envoyer mon contrat et celui de Perino et aussi ce sonnet que je vous ai fait passer, afin que je le raccommode et que, comme vous me le disiez, je lui fasse deux yeux.

Michel-Ange au même

Rome, 1542

La musique d'Arcadelt est retenue comme une belle chose. Comme, selon ses paroles, il n'a pas voulu faire moins de plaisir à moi qu'à vous qui le lui aviez demandé, je voudrais lui en témoigner ma reconnaissance. Pensez, je vous prie, de lui faire un présent, soit en drap, soit en argent, et donnez m'en avis, car je n'oserais le faire moi-même. J'ai un coupon de soie, chez moi, pour un gilet ; je le tiens du sieur Gérôme. S'il vous en semble, je vous l'enverrai pour ce cadeau.

Michel-Ange au même

Rome, 1542

Je suis vivement pressé par messer Pier Giovanni de commencer à peindre. Comme on le peut voir, je ne crois pas pouvoir le faire avant quatre ou six jours parce que l'enduit n'est pas assez sec pour le permettre. Mais il est autre chose qui me donne plus d'ennui que l'enduit et que de ne pouvoir peindre : c'est la rectification de mes comptes qui n'arrive pas, malgré la parole qui m'en avait été donnée, à tel point que j'en suis grandement désespéré. Je me suis tiré du fond du cœur 1.400 écus qui m'auraient servi, sept ans, à travailler et à faire plutôt deux tombeaux qu'un seul, et cela, je l'espère, pour pouvoir rester en paix avec le pape et le servir cordialement.

À présent je me trouve sans argent et avec plus de tracas et d'ennuis que jamais. Ce que j'ai fait pour avoir cet argent, je l'ai fait avec le consentement du duc de Florence et avec le contrat de la commande. Et maintenant que j'ai déboursé, la rectification n'arrive pas, de manière qu'on voit bien ce que signifie cette chose, sans qu'il soit besoin de l'écrire. Sans doute, je ne mérite pas mieux, pour la foi d'artiste que j'ai manifestée trente-six ans et pour m'être donné volontairement aux autres. La peinture, la sculpture, le travail et la foi ont été ma ruine et tout s'en va, de mal en pis. Mieux eût valu que, dès mes premiers ans, je me fusse mis à faire des allumettes, car je ne serais pas, aujourd'hui, en tels tourments.

Je vous écris, à vous, ces choses parce que vous me voulez du bien et que, ayant négocié cette affaire, vous en savez toute la vérité et la pouvez faire entendre au pape pour qu'il sache que je ne peux pas plus vivre que peindre. Si j'ai donné la promesse de commencer mon travail, je l'ai donnée contre la promesse de recevoir mes comptes et il y a plus d'un mois de cela. Je ne veux plus rester sous ce poids ni être, chaque jour, accusé de fourberie par qui m'a pris la vie et l'honneur. La mort ou le pape seul peuvent m'en tirer.

Michel-Ange au même

Rome, octobre 1542

Voyant que la rectification ne vient pas, je me suis résolu à me renfermer chez moi et à finir les trois statues sur lesquelles je suis d'accord avec le duc. Cela me vaudra mieux que d'aller traîner, chaque jour, au Palais. Qui veut se crucifier, se crucifie. Il me suffit d'avoir fait en sorte que le pape n'ait pas à se plaindre de moi. Le bénéfice de cette rectification n'était pas pour moi, mais pour Sa Sainteté qui veut que je me remette à peindre. C'en est assez, car il ne me plaît pas de me mettre entre le duc et le pape. Si celui-ci voit que j'ai abandonné sa peinture, il sera peut-être bon de l'aviser de la résolution que j'ai prise et savoir ce qu'il faudra lui répondre, quand il conviendra.

Michel-Ange au même

Rome, 1543

Je sais que vous êtes aussi bon maître de cérémonies que je le suis peu moi-même. Ayant reçu de Mgr de Todi le présent dont vous parlera Urbino, je vous prie, en vous en faisant part et en croyant que vous êtes ami de Sa Seigneurie, de l'en remercier à propos, avec ces manières qui vous sont faciles. Et faites-moi votre débiteur pour quelque bonne pâtisserie que je vous réserve.

Michel-Ange à Vittoria Colonna, marquise de Pescara

Rome, 1543

Je voulais, Madame, avant de recevoir ce que Votre Seigneurie a voulu plusieurs fois m'offrir, faire quelque chose de ma main pour accueillir votre don le moins indignement que je pusse. Puis, ayant reconnu que la grâce de Dieu ne se peut acheter et que la faire attendre est un très grand péché, je vous confesse ma faute et volontiers j'accepte cette offrande. Quand je l'aurai, il me semblera que je suis au paradis en pensant que je l'ai, non pas dans ma maison, mais dans la vôtre. C'est de quoi je resterai à votre Seigneurie plus obligé encore que je ne le suis déjà. Le porteur de ce moi est Urbin, qui vit avec moi. Votre Seigneurie pourra lui dire quand elle voudra que je vienne voir la fête à laquelle elle m'a promis de me faire assister.

Michel-Ange à la même

s.d.

Madame la Marquise,

Il ne semble pas qu'étant à Rome, je puisse laisser le crucifix à messer Thomas et accepter qu'il partage avec moi la faveur de vous servir. Je voudrais faire pour vous plus que pour aucune autre personne au monde. Mais les grandes occupations qui m'ont tenu et me tiennent encore n'ont pas laissé connaître ces raisons à Votre Seigneurie. Et parce que je sais que vous n'ignorez pas que l'amour ne veut pas de maître et que qui aime n'en dort pas, les moyens de m'excuser me faisaient encore plus défaut. Bien que je parusse ne plus m'en souvenir, je faisais ce que je ne disais point, pour arriver plus agréablement avec une chose moins attendue. Hélas ! mon dessin est gâté : Mal fa, chi tanta fé si tosto obblia

Le serviteur de Votre Seigneurie.

Michel-Ange à son neveu Leonardo, fils de Buonarroto

Rome, 11 juillet 1544

J'ai été malade. Et toi, tu es venu chez ser Giovan Francesco pour me donner la mort et voir si je ne laisse rien. Ce que j'ai à Florence ne te suffit donc pas ? Tu ne peux pas nier que tu ressembles à ton père qui, à Florence, me chassa de ma propre maison. Apprends donc que j'ai fait testament de telle sorte que tu n'as plus à songer à ce que je possède à Rome. Va-t'en au diable, ne reparais pas devant moi et ne m'écris pas davantage.

Michel-Ange au même

Rome, 15 février 1545

J'apprends par ta lettre que vous ne savez encore que faire de l'argent que je vous ai envoyé parce que, selon ce que tu m'écris, celui qui peut faire son métier avec son propre argent n'a pas besoin de l'argent des autres. Par conséquent, celui qui prend l'argent des autres ferait bien mieux de ne dépenser que le sien. Voilà un cas dangereux. C'est pourquoi il me plaît que vous alliez doucement à le placer et à l'épuiser, car ce serait pour votre dommage. Quand je le pourrai et peu à peu, comme je vous l'ai écrit, je vous en enverrai jusqu'à concurrence de mille écus. Et puis, je veux penser à ma propre vie, car je suis vieux et ne peux plus supporter de fatigue. Le port que me donna le pape [l'octroi du port du Pô à Plaisance], je veux le restituer parce qu'il me procure trop d'ennuis et que, décemment, il ne me plaît pas de le conserver plus longtemps. Il me faudrait opérer des entrées plus avantageuses que celles que je fais pour en vivre plus profitablement. Tâchez donc de conserver ce que vous avez, car je ne puis plus rien faire pour vous.

Michel-Ange au même

Rome, 2 mai 1545

J'ai reçu la corbeille de poires. Il y en avait 86. J'en ai envoyé au pape 34 qui lui ont paru belles et fort bonnes. Quant à la corbeille de fromages, la douane dit que le voiturier est un fourbe et qu'il ne l'a pas déposée en douane. Si je peux savoir où il se trouve dans Rome, je lui ferai selon son mérite, non pour le fromage, mais pour apprendre à ce ladre à mieux traiter l'humanité. J'ai été très mal, ces jours derniers, je me sentais bien éprouvé par une rétention d'urine. À présent je vais mieux et je te l'écris de peur que quelque bavard ne t'en raconte mille mensonges à te faire sauter. Dis au prêtre de ne plus m'écrire à Michelagnolo, sculpteur, parce que je ne suis connu que sous le nom de Michel-Ange Buonarroti et aussi parce que, si un citoyen florentin veut faire peindre une table d'autel, il faut qu'il s'adresse à un peintre. Moi, je n'ai jamais été ni peintre ni sculpteur, comme ceux qui tiennent boutique. Je m'en suis toujours défendu, par honneur pour mon père et pour mes 319 frères, et je n'ai pas moins servi trois papes, encore que contraint…

Michel-Ange au même

Rome, 1545

Samedi dernier, je t'ai écrit que j'aurais préféré recevoir deux fiaschi de Trebbiano que les huit chemises que tu m'as envoyées. Aujourd'hui, je t'avise que j'ai reçu une soma [fût] de Trebbiano, soit quarante-quatre fiaschi. J'en ai envoyé six au pape et d'autres à des amis, si bien que je les ai tous placés parce que je ne peux pas en boire. Si je t'écris ceci, ce n'est pas que je veuille que tu m'envoies une chose plutôt qu'une autre. Il me suffit que tu sois un homme de bien et que tu nous fasses honneur.

Michel-Ange au même

Rome, 6 février 1546

Tu as été bien pressé à m'aviser de vos vues sur la propriété des Corboli. Je ne croyais pas que tu fusses encore à Florence. As-tu donc peur que je ne me repente de mes intentions ? Es-tu peut-être déjà engagé ? Je te dis que je veux aller doucement parce que l'argent que j'ai ici, je l'ai gagné avec une fatigue dont ne peut se douter celui qui est né chaussé et vêtu comme toi Quant à venir à Rome si impétueusement, je ne sais si tu aurais fait ce voyage aussi vite dans le cas où j'eusse été dans la misère et où j'eusse manqué de pain. Il t'appartient de jeter dehors l'argent que tu n'as pas gagné Quel souci mets-tu donc à ne pas perdre cet héritage ! Et quelle obligation avais-tu de venir ici, pour l'amour que tu me portes : l'amour du ver dévorant ! Si tu m'aimais, tu m'écrirais : « *Michel-Ange, dépensez cet argent pour vous-même, à Rome, car vous nous en avez tant donné, qu'il suffit. Nous avons plus de souci de votre vie que de vos écus.* » Vous avez vécu de moi depuis déjà quarante ans et je n'ai jamais eu de vous tous une bonne parole. Il est vrai que, l'an passé, je t'ai tant sermonné et repris que, pris de honte, tu m'as envoyé un fût de Trebbiano et tu ne me l'aurais pas envoyé autrement. Je ne t'écris point ceci parce que je ne veux pas acheter [de propriété]. Je veux en acheter, au contraire, pour me faire une réserve ; car je ne puis plus travailler. Mais je veux aller doucement, pour ne pas faire achat de quelque ennui. Ainsi donc, ne te presse pas.

P.-S — Quand bien même on te demanderait ou réclamerait quoi que ce soit, de ma part, ne crois à personne que tu ne voies un écrit de ma main.

Michel-Ange à François Ier

Rome, 6 avril 1546

Au Roi de France Très Chrétien,

Je ne sais si Votre Majesté a usé de plus de grâce que de merveille en daignant écrire à un homme de ma condition et, plus encore, en lui demandant des nouvelles d'un artiste peu digne d'intéresser Votre Majesté. Elle apprendra que, depuis longtemps, j'ai le désir de la servir, mais, pour ne l'avoir pu exprimer à propos par la faute de l'art qui me retient en Italie, je ne l'ai pu faire encore. À présent je suis vieux et, pour quelques mois encore, au service du pape Pau [III]. Mais si, après ces travaux, il me reste quelque temps à vivre, ce que j'ai désiré longtemps pour Votre Majesté, je m'évertuerai à le réaliser, c'est-à-dire une chose de marbre, une autre de bronze, une autre de peinture. Et si la mort interrompt ce désir et si l'on peut sculpter ou peindre encore dans l'autre vie, je n'y faillirai pas au royaume où on ne vieillit plus.

Je prie Dieu qu'il donne à Votre Majesté longue et heureuse vie. De Votre Majesté Très Chrétienne le très humble serviteur, Michelagnolo.

Michel-Ange à son neveu Leonardo, fils de Buonarroto

Rome, 15 juin 1546

J'ai bien la tête à autre chose qu'à des procurations. Ne m'écris plus, car chaque fois que je vois une de tes lettres, la fièvre me reprend tant je me fatigue à te lire. Je ne sais où tu es allé à l'école, je crois que, si tu avais à écrire au plus grand âne de ce monde, tu t'y appliquerais davantage. N'augmentez point les ennuis qui sont les miens et j'en ai tant qu'ils me suffisent.

Michel-Ange au même

4 septembre 1546

Tu m'as écrit toute une Bible pour un si petit sujet et tu ne fais que m'ennuyer au sujet de l'argent que tu as reçu. Si tu veux savoir ce qu'il en faut faire, conseillez-vous ensemble et employez-le à ce qui vous sera le plus utile.

Michel-Ange au même

Décembre 1546

Quant à l'achat d'une maison, je vous répète la même chose, à savoir qu'il faut chercher à acheter une maison convenable, de 1.500 ou 2.000 écus, et qui soit, s'il se peut, dans notre quartier [Santa-Croce]. Sitôt que vous en aurez trouvé une convenable, j'en verserai l'argent. Je dis ainsi parce qu'une maison convenable en ville fait grand honneur, parce qu'on la voit mieux que des propriétés à la campagne et, enfin, parce que nous sommes des gens de ville descendus de familles nobles. Je me suis toujours évertué à ressusciter notre maison, mais je n'ai pas eu des frères pour m'y aider. Essayez donc de faire comme je vous écris et que Gismondo revienne habiter à Florence pour qu'on ne dise plus, à ma grande honte, que j'ai un frère qui vit à Cettignano, au derrière des vaches. Quand vous aurez acheté la maison, nous verrons à acheter autre chose.

Michel-Ange au même

Rome, décembre 1546

Il y a à peu près un an que m'est tombé sous la main un manuscrit de chroniques florentines où j'ai lu qu'il y a environ deux cents ans — si j'ai bon souvenir —, vivait un certain Buonarroto Simoni plusieurs fois membre de la Signoria et puis un certain Simone Buonarroti, et puis un Michel de Buonarroto Simoni, et, enfin, un Francesco Buonarroti. Je n'y ai point trouvé Léonard qui fut de la Signoria (père de Ludovic, notre père), parce qu'il ne tenait pas tant de cette branche. Cependant il me semble que tu dois signer Leonardo de Buonarroto Buonarroti Simoni. Au reste, rien à dire sur ta réponse, car tu n'as encore rien compris à ce que je t'ai écrit à propos de l'achat de la maison.

Michel-Ange à messer Luigi del Riccio

Rome, 1546.

Il vous semble que je vais vous répondre selon votre désir et c'est tout à fait le contraire. Vous me parlez de ce que je vous ai refusé et vous me refusez ce que je vous ai demandé. Certes, vous ne péchez que par ignorance en m'envoyant, par Hercule ! ce que vous auriez rougi de me donner vous-même. Celui qui m'a pris à la mort a bien le droit de m'en blâmer encore, mais je ne sais ce qu'il y a de plus grave, ou le blâme ou la mort. Cependant je vous prie et je vous conjure, par la vraie amitié qui nous lie, laissez-moi vous dire qu'il ne me paraît pas bien que vous laissiez se gâter cette estampe et brûler les autres. Si vous tenez boutique avec mes œuvres, ne le faites pas avec celles des autres et si vous faites mille morceaux de moi, j'en ferai tout autant, non de vous, mais de vos choses.

Michel-Ange

Ni peintre, ni sculpteur, ni architecte, mais tout ce que vous voudrez, excepté ivrogne, comme je vous l'ai dit à la maison.

Michel-Ange à messer Benedetto Varchi

Rome, 1546

J'ai bien reçu votre petit livre et, quelle que soit mon ignorance, je répondrai quelques lignes à ce que vous me demandez. Je dis que la peinture me semble pouvoir être retenue d'autant meilleure qu'elle accentue davantage le relief et le relief d'autant plus mauvais qu'il accentue davantage la peinture. Cependant, il me semblait que la sculpture pût servir de flambeau à la peinture et, qu'entre l'une et l'autre, il y avait la différence qui existe entre le soleil et la lune. Mais que penser, à présent que j'ai lu votre livre où vous dites que, philosophiquement parlant, les choses qui ont une même fin (ont un même principe) sont une même chose ? S'il en était ainsi, chaque peintre ne devrait pas moins sculpter que peindre ni chaque sculpteur moins peindre que sculpter, car j'entends par sculpture ce qui se fait en relief et par peinture ce qui se fait en surface. Il suffit donc que la sculpture et la peinture soient produites toutes les deux par une même intelligence pour qu'il soit possible de faire la paix entre elles et renoncer à toute discussion, car on y dépense plus de temps qu'à faire des figures.

Celui qui a écrit que la peinture est plus noble que la sculpture, aurait mieux fait, à mon avis — s'il n'a pas mieux raisonné sur le reste —, d'en charger sa servante à sa place. Sur une telle question il y aurait à dire infiniment de choses qui n'ont pas été dites encore, mais il y faudrait trop de temps et je n'en ai plus assez étant, non seulement un vieux, mais presque du nombre des morts.

Michel-Ange à son neveu Leonardo, fils de Buonarroto

Rome, 1547

J'ai ton reçu des 550 écus d'or que je t'ai fait compter par [le banquier] Bettino. Tu m'écris que tu en as donné quatre à cette femme pour l'amour de Dieu et cela me plaît. Je veux aussi que tu en donnes encore jusqu'à 50 pour l'amour de Dieu, tant pour l'âme de ton père Buonarroto que pour la mienne. Vois aussi à découvrir quelques citoyens besogneux qui aient des filles à marier ou à établir et donne-leur encore de cet argent, mais fais-le en secret et en ayant soin de n'être pas trompé. Fais-t'en donner le reçu que tu m'enverras. Je parle, bien entendu, de citoyens florentins qui, à ma connaissance, seraient nécessiteux et auraient honte de mendier.

Michel-Ange au même

Rome, 1547

Quant à l'aumône, il me semble que tu la négliges trop. Si tu ne donnes pas du mien pour l'âme de ton père encore moins donnerais-tu du tien. Recommande-moi à messer Giovan Francesco, remercie-le et dis-lui que, sur la question d'une femme à te trouver, j'attends un ami qui n'est pas à Rome et qui veut nous présenter trois ou quatre partis. Je vous en aviserai, et nous verrons si ce sont des partis pour nous.

Michel-Ange au même

Rome, 17 décembre 1547

Quant au nom de notre famille, j'écrirais à tout hasard celui de Simone. Et que celui qui le trouve trop long à lire, le passe. (Ibid.) Rome, février 1547. … Pour l'achat de la maison, n'allez pas après qui ne veut vendre ; car les deniers ne valent pas moins que les maisons. Si ce n'est pas celle-ci, c'en sera une autre…

Michel-Ange au même

9 janvier 1548

J'ai résolu d'assurer à Giovan-Simone, à Gismondo et à toi, 3.000 écus d'or, c'est-à-dire mille écus pour chacun, mais à chacun ensemble et avec cette réserve qu'ils soient placés en biens-fonds ou en quelque autre chose qui vous soit utile et qui reste à la maison. Pensez donc à les placer en solide et bonne part et, quand vous verrez quelque chose qui vous paraisse profitable, avisez-m'en pour que je vous fasse une provision d'argent. Il faut que cette lettre soit commune à vous trois.

Michel-Ange au même

Rome, 15 janvier 1548

Ta dernière lettre m'a appris la mort de Giovan Simone. J'en ai eu une bien vive douleur, car j'espérais, malgré ma vieillesse, le voir avant sa mort et avant la mienne. Dieu ne l'a pas voulu, qu'il soit béni ! J'aimerais savoir particulièrement quelle fin il a faite, s'il est mort confessé et communié et en règle avec l'Eglise. S'il en fut ainsi, j'aurai moins de douleur à l'apprendre.

Michel-Ange au même

Rome, mars 1548

Je te remercie de m'avoir avisé du décret promulgué. Jusqu'à présent, je me suis gardé d'entretenir des relations avec les bannis, je m'en garderai mieux encore à l'avenir. Quant à avoir été malade chez les Strozzi, au lieu d'avoir été dans leur maison, j'aimerais mieux pouvoir dire que j'ai été dans l'appartement de messer Luigi del Riccio, mon grand ami, car, depuis la mort de Bartolomeo Angelini, je n'ai pas trouvé d'homme meilleur et plus fidèle pour régler mes affaires. Depuis qu'il est mort, lui aussi, je ne suis plus revenu dans cette maison comme en peut témoigner Rome entière et la vie que je mène, car je suis toujours seul, je sors peu et ne parle à personne, surtout aux Florentins. Mais quand je suis salué dans la rue, je ne peux autrement faire que d'y répondre par de bonnes paroles ; et je passe outre. Si je savais quels sont les bannis, je ne répondrais à aucun d'eux. Comme je l'ai dit, dorénavant je m'en garderai mieux, ayant bien d'autres pensées et d'autres soucis à chasser.

Michel-Ange au même

Rome, 7 avril 1548

Quant à prendre femme, tu dis qu'il te paraît meilleur de laisser passer cet été. S'il te le semble, il me le semble aussi. Au sujet d'un pèlerinage à Lorette pour ton père, si c'est un vœu, il me semble qu'il faut de toute manière accomplir. Si c'est pour faire du bien à son âme, je donnerais plutôt en aumônes ce que tu dépenseras pour la route, tandis que l'argent qu'on donne aux prêtres, Dieu sait l'usage qu'ils en font. En outre, puisque tu tiens boutique, il ne me semble pas qu'il soit bon de perdre du temps en chemin.

Michel-Ange au même

Rome, 1548

Je n'ai pu ni su lire ta dernière lettre et je l'ai jetée au feu, c'est pourquoi je ne puis y répondre. Je t'ai souvent écrit que, chaque fois que je reçois une de tes lettres, j'ai la fièvre jusqu'à ce que j'aie fini de la déchiffrer. Aussi bien, je te dis de n'avoir plus dorénavant à m'écrire. Si tu as à me faire savoir quelque chose, prends quelqu'un qui sache écrire, car j'ai la tête à autre chose qu'à la perdre sur tes lettres. Messer Jean-Francesco m'apprend que tu voudrais revenir à Rome, pour quelques jours. Sachant que tu es en compagnie, comme tu me l'as écrit, je m'étonne que tu puisses partir. Aie bien soin de ne pas jeter par les fenêtres l'argent que je t'ai envoyé. Gismondo aussi doit en avoir soin, car qui ne l'a pas gagné n'en connaît pas la valeur et l'expérience prouve que, la plupart de ceux qui naissent dans la richesse, la dispersent et meurent ruinés. Ouvre bien l'œil et pense dans quelle misère et fatigue je vis étant vieux comme je le suis. Ces jours derniers, un Florentin est venu me parler d'une fille des Ginori à laquelle on t'aurait déjà intéressé, dit-il, et qui te plairait. Je ne crois pas que ce soit vrai et, sans autres renseignements, je ne puis te donner un conseil. Mais il ne me plaît pas que tu prennes pour femme une personne dont le père ne te donnerait pas une dot convenable si elle était 320 une fois promise. Je voudrais qu'on pensât bien plutôt à la femme qu'à la dot. Il me semble qu'il t'appartient, mieux à toi qu'à un autre, de chercher femme sans t'inquiéter si la dot est petite ou grande. Tu dois surtout rechercher la santé du corps et de l'âme, la noblesse du sang, les mœurs et les parents de cette femme : c'est là surtout ce qui importe.

Michel-Ange au même

Rome, 1er février 1549

Je t'ai envoyé dans ma dernière lettre une liste de plusieurs filles à marier, je la tenais de Florence et, je crois, de quelque agent qui ne peut être qu'un homme de peu de jugement. Car il devrait bien penser ce que je peux savoir des familles de Florence après 16 ou 17 ans que j'en suis hors. Je te dis que, si tu veux prendre femme, tu n'as pas à me le demander, car je ne peux te conseiller là-dessus. Mais je te répète que tu dois rechercher, plutôt que l'argent, la seule bonté et la bonne réputation. Je crois qu'il y a à Florence beaucoup de familles nobles et pauvres et que ce serait une bonne œuvre de se marier parmi elles, quand même il n'y aurait pas de dot, parce que l'orgueil n'aurait rien à y voir. Tu as besoin d'une femme qui soit tienne, à qui tu puisses commander et qui n'ait pas le goût des toilettes et des dîners ou noces où aller, chaque jour, car c'est dans les cours que l'on devient facilement p…, surtout quand on est sans parents. Et il n'y a point de respect humain à dire que tu veux d'un parti noble, parce que l'on sait que nous sommes d'anciens citoyens de Florence et aussi nobles que toute autre maison. Cependant, recommande-toi à Dieu et prie-le de te faciliter la tâche. Pour moi, j'aurai plaisir, quand tu trouveras un parti sortable, d'en être avisé avant que tu contractes parenté.

Michel-Ange au même

Rome, 15 mars 1549

Inutile de te répéter ce que je t'ai dit dans ma dernière lettre. Cette rétention d'urine me fait bien souffrir et me laisse sans sommeil la nuit ni repos le jour. Si j'en crois le diagnostic des médecins, ce serait le mal de la pierre. Ils n'en sont pas encore sûrs, mais je suis soigné comme si j'avais ce mal. On me laisse bon espoir. Je ne me le permets pas, cependant, étant donnés mon âge et ces cruelles douleurs. On me conseille d'aller prendre les eaux de Viterbe, mais je ne le pourrai avant les premiers jours de mai. Jusque-là, je temporiserai de mon mieux et, peut-être, j'aurai la chance d'avoir échappé à ce mal avec quelque bon préventif, mais j'ai besoin de l'aide de Dieu. Dis à Francesca de prier pour moi. Si elle savait en quel état je suis, elle ne se croirait pas sans compagnie dans son malheur. Pour le reste, je suis de corps comme si j'avais trente ans. Ce mal est survenu pour m'endommager ferme et me faire peu estimer la vie. Patience ! Peut-être cela ira-t-il mieux que je ne le crois avec l'aide de Dieu. S'il en est autrement, je t'en aviserai, parce que je veux mettre en ordre les choses de l'âme et du corps. Pour cela, ta présence me sera nécessaire. Sans autre lettre de moi, tu n'auras à bouger à l'appel de personne. Si c'est la pierre, les médecins me disent qu'elle est à sa formation et qu'elle est petite. De ce chef, ils me donnent bon espoir. Si tu connais quelque extrême misère dans quelque famille noble — et je crois qu'il s'en trouve —, fais-m'en connaître le nom. Jusqu'à 50 écus, je t'enverrai un secours pour elle et pour soulager mon âme. Cet argent ne diminuera en rien celui que j'ai donné ordre de vous laisser.

Michel-Ange au même

Rome, 5 avril 1549

La semaine dernière, j'ai envoyé par Urbin au banquier Bettino 50 écus d'or, pour qu'ils te soient payés à Florence. J'espère que tu les auras reçus et que tu en feras l'usage que je t'ai écrit, soit pour la famille des Cheretani, soit pour une autre dont tu reconnaîtras le besoin et tu m'en donneras avis. Quant au règlement de mes affaires, comme je t'en écrivais, je voulais dire que, me sentant vieux et malade, je me décidais à faire un testament. Il consiste à laisser à Gismondo et à toi ce que je possède, de telle sorte que mon frère Gismondo aussi bien que mon neveu disposent de mes biens et que l'un ne puisse les diviser sans le consentement de l'autre. Et quand bien même vous y contrediriez par devant notaire, je le rectifierais toujours. Quant à ma maladie, je m'en trouve bien mieux. Il est certain que j'ai la pierre. Mais elle est peu de chose, grâce à Dieu et à une eau que je bois et qui la fait dissoudre peu à peu, si bien que j'espère m'en guérir. Mais, en raison de ma vieillesse et à beaucoup d'autres égards, il me serait cher que le mobilier que j'ai à Rome s'en aille à Florence, pour qu'il m'y serve et qu'il vous reste. Il y en a pour la valeur d'à peu près 4.000 écus. J'y pense surtout à l'heure où, ayant à partir pour les eaux, je voudrais m'en libérer au mieux. Mets-toi d'accord avec

Gismondo et avisez parce que c'est une question qui n'intéresse pas moins vous que moi. Sur la question de ton mariage, un ami est venu me voir ce matin et m'a prié de te signaler une fille de Leonardo Ginori, née de mère Soderini. Je l'en avise, comme on m'en a prié ; mais je ne sais t'en dire plus au long.

Michel-Ange à messer Lucas Martini

Rome, 1549

J'ai reçu, par messer Bartolomeo Bettini votre lettre et un petit livre commentant un sonnet de ma main. Le sonnet vient bien de moi, mais le commentaire vient du ciel. C'est vraiment une chose admirable. Je ne dis pas selon moi, mais selon des hommes de valeur et, surtout, messer Donato Giannotti qui ne se lasse pas de le lire et qui se recommande à vous. Je sais bien ce que vaut ce sonnet, mais si peu qu'il vaille, je ne peux m'empêcher d'y prendre un peu de vaine gloriole puisqu'il est la cause d'un si beau et si savant commentaire. Et parce que je reconnais aux paroles et aux louanges que me prodigue cet auteur que je ne suis pas celui qu'il pense, je vous prie de lui en exprimer, comme il convient pour tant de sympathie, ma courtoise affection. Je vous prie de le faire, parce que je ne m'y sens pas assez de valeur. Quiconque jouit d'une bonne réputation ne doit pas tenter la fortune, mieux lui vaut le silence que de tomber de haut. Je suis vieux, et la mort m'a pris les pensées de jeunesse. Pour savoir ce qu'est la vieillesse, celui qui l'ignore n'a qu'à attendre avec patience qu'elle arrive.

Michel-Ange à Francesco Faîtucci, prêtre de Sainte-Marie, à Florence

Rome, octobre 1549

Il y a longtemps que je ne vous ai écrit. Pour vous montrer avec cette lettre que je suis encore vivant et pour apprendre de vous la même bonne nouvelle, je fais pour vous ces quelques vers. Je me recommande à vous et je vous prie de faire parvenir aussi cette lettre à messer Benedetto Varchi, lumière et splendeur de l'Académie florentine. Je crois qu'il est votre grand ami. Je vous prie de le remercier, de ma part plus que je ne sais ni ne puis le faire. Ces jours derniers, comme je restais très mécontent chez moi, en fouillant certains coins j'ai mis la main sur un grand nombre de ces bêtises que j'avais l'habitude de vous envoyer autrefois. Je vous en envoie encore quatre que je vous avais peut-être déjà mandées. Vous direz que je suis un vieux fou et je vous répondrai que, pour être en meilleure santé et en moindre passion, je ne trouve rien de mieux que la folie. Ne vous en étonnez pas, je vous prie, et répondez-moi quelque chose.

Michel-Ange au même

s. d.

Quant à la vieillesse qui nous tient également tous les deux, j'aimerais bien savoir comment elle vous traite. Quant à la mienne, elle ne me contente pas beaucoup. Je vous en prie, écrivez-moi quelque chose. Vous savez que nous avons un nouveau pape, et qui il est. Grâce à Dieu, Rome entière s'en réjouit et attend beaucoup de la libéralité de ce pontife, surtout pour les pauvres de la ville…

Michel-Ange au même

Rome, 1er août 1550

Mon cher ami,

Avant à écrire à Florence, au peintre Georges [Vasari], je prends sur moi de vous donner un petit ennui en vous priant de lui remettre la lettre ci-incluse, car je pense qu'il est votre ami. N'ayant pas autre chose à vous écrire et, pour ne pas être trop bref dans ce billet, je vous envoie quelqu'une de mes nouvelles poésies. Je les écrivais pour la marquise de Pescara qui ne me voulait pas moins grand bien que je n'en voulais à elle-même. La mort m'a pris une grande amie. Je ne sais plus rien vous dire. Je vais comme de coutume, supportant avec patience les défauts de la vieillesse et je crois que vous faites de même.

Michel-Ange à messer Giorgio Vasari

Rome, 22 août 1550

Mon cher ami,

Voilà bien des jours que j'ai votre lettre. Je ne vous ai pas répondu sur-le-champ pour ne pas vous paraître mercantile. Aujourd'hui, je vous dirai qu'au nombre des louanges que vous me décernez, si j'en méritais une seule, ce serait pour avoir, en mon âme et mon corps, pu vous donner quelque minime chose dont je vous étais débiteur et qui eût pu vous satisfaire. Je vous reconnais créditeur de beaucoup plus que je n'en peux payer, car je suis vieux et, désormais j'espère moins en cette vie que dans l'autre pour pouvoir régulariser mes comptes. Usez donc de patience avec moi. Quant à votre œuvre, je suis allé voir Bartolomeo [Ammannati] et il me semble que la chose va aussi bien que possible. Il travaille avec foi et amour c'est, comme vous le savez, un vaillant jeune homme. Il est si bien, qu'on peut l'appeler l'ange Bartolomeo…

Michel-Ange au même

Rome, août 1550

Messer Giorgio, mon cher ami,

comme le pape ne voulait point entendre parler de l'église de San-Pietro-in-Montorio, je ne vous en écrivis rien, sachant d'ailleurs que vous étiez informé de ce qui se passait par la personne que vous avez ici. Il convient maintenant de vous dire que, hier matin, le pape, revenant de Montorio, me fit appeler. Je le rencontrai sur le pont et j'eus avec lui une longue conversation au sujet des tombeaux qu'on veut placer là. Il finit par me dire qu'il était décidé à ne point les mettre dans cette église, mais à San-Giovanni-de-Fiorentini. Il me demanda mon avis et un dessin. J'applaudis beaucoup à cette idée estimant que, par ce moyen, cette église pourrait être terminée. Quant aux trois lettres que vous m'avez adressées, ma plume ne pourrait répondre à toutes les belles choses que vous me dites. Si j'avais seulement une partie des qualités que vous m'attribuez, je n'en serais heureux que parce que vous auriez en moi un serviteur qui vaudrait quelque chose. Mais cela ne m'étonne point depuis que je sais que vous ressuscitez les morts, que vous prolongez les jours des vivants ou bien que, dans la colère où vous mettent les méchants, vous les envoyez à la mort pour un temps infini.

Pour finir, je reste tout à vous, tel que je suis.

Michel-Ange à son neveu Leonardo, fils de Buonarroto

Rome, 4 octobre 1550

Dans ta dernière lettre, tu m'avisais que tu allais venir à Rome et qu'avant de partir tu attendais un mot de moi. Sitôt celui-ci reçu, prends la poste. Je pense que tu sauras où trouver, à Rome, ma maison, elle est en face Santa-Maria de Lorette, près du Macello dei Corvi.

Michel-Ange à messer Giorgio Vasari

Rome, 13 octobre 1550

Messer Giorgio, mon cher ami,

Bartolomeo ne fut pas plus tôt arrivé ici que j'allai parler au pape et, voyant qu'il voulait faire jeter les fondements des sépultures à Montorio, je pourvus à ce qu'on eût un maçon de Saint-Pierre. Le Tante Cose le sut et voulut en envoyer un de sa façon. Moi, pour ne pas lutter avec un homme qui fait souffler les vents, j'ai battu en retraite parce qu'ayant à faire avec un personnage léger j'ai craint de me trouver emporté dans quelque bourbier. Qu'il vous suffise de savoir qu'il ne faut plus penser à l'église de San-Giovani-de-Fiorentini.

Revenez promptement et portez-vous bien. Je n'ai pas autre chose à vous dire.

Michel-Ange à son neveu Leonardo, fils de Buonarroto

Rome, 20 décembre 1550

J'ai reçu les mazzolini, c'est-à-dire 12 fromages. Ils sont bien beaux, j'en donnerai aux amis et à la maison. Mais, comme je vous l'ai déjà écrit, ne m'envoyez rien que je ne vous le demande et, surtout, rien qui vous coûte de l'argent. Quant au choix de ta femme, je ne sais plus que te dire, sinon que tu ne regardes pas à la dot, car les dots sont toujours meilleures que les gens. Ne regarde qu'à la noblesse, à la santé et, plutôt, à la bonté qu'à autre chose. Quant à la beauté, n'étant pas toi-même le plus beau garçon de Florence, tu n'as pas trop à y prétendre. Qu'il suffise que ta prétendue ne soit ni boiteuse, ni estropiée, ni laide. Rien d'autre à dire sur ce sujet. J'ai reçu, hier, une lettre de messer Giovan Francesco qui me demande si je n'ai rien qui ait appartenu à la marquise de Pescara. Je voudrais que tu lui dises que je chercherai et que je lui répondrai, samedi prochain, encore que je croie ne rien avoir parce que, quand je fus malade, hors de chez moi, on m'enleva beaucoup de choses. J'aimerais bien que tu connaisses quelque misère extrême dans quelque famille noble et plutôt chez celles qui ont des filles, et que tu m'en avises, pour que je lasse quelque bien. Ce sera pour le salut de mon âme.

Michel-Ange au même

Rome, 7 mars 1551

J'ai reçu les poires. Il y en avait 90, dont 7 bronches, comme vous les baptisez. Rien de plus sur ce point. Quant au chapitre de la femme, je t'ai dit encore samedi mon sentiment. Compte la dot pour rien. N'aie souci que du sang pur et de la race noble, que ta future soit bien élevée et saine. Par ailleurs, je ne sais rien te dire de particulier, parce que, de Florence, je n'en sais pas plus que qui n'y habite jamais. On m'a parlé, ces jours derniers, d'une demoiselle des Alessandri, mais je n'en sais rien de particulier. Ce que j'apprendrai, je te le dirai. Messer Giovan Francesco m'a demandé, il y a déjà un mois, si j'avais quelque chose qui ait appartenu à la marquise de Pescara. J'ai un petit livre en parchemin qu'elle me donna, il y a environ dix ans. Il contient 103 sonnets, non compris ceux qu'elle m'envoya plus tard de Viterbe, sur vélin, au nombre de 40. Je les ai fait relier dans le même volume que j'ai prêté alors à maintes personnes, de sorte qu'il y en a des copies partout. J'ai aussi beaucoup de lettres qu'elle m'écrivait d'Orvieto et de Viterbe. C'est tout ce qui me reste de la marquise.

Michel-Ange au même

Rome, 1551

Quant au livre des sonnets de la marquise, je ne l'envoie pas, parce que je le ferai copier, d'abord, avant d'en risquer l'expédition.

Michel-Ange au même

Rome, 1551

Mon avis est que, si tu trouvais une jeune fille noble, bien élevée, bonne et très pauvre, tu vivrais en paix avec elle. Prends-la sans dot, pour l'amour de Dieu. Je crois qu'à Florence on peut trouver un parti semblable et il me plairait beaucoup pour que tu ne t'obliges pas à des cérémonies, à des folies et à une infortune semblable à celle de tant d'autres. Tu es riche et tu ne sais comment. Je ne veux pas me mettre à raconter la misère que je trouvai dans notre maison quand je commençai à lui venir en aide : un livre n'y suffirait pas. Je n'y ai pourtant trouvé que de l'ingratitude. Que Dieu te fasse apprécier l'état où tu te trouves et ne cours pas après les pompes et les folies.

Michel-Ange à Benvenuto Cellini

Rome, 1552

Je vous ai estimé, il y a bien des années, comme le meilleur orfèvre qui ait jamais été et, aujourd'hui, je vous reconnais pour un sculpteur aussi. J'ai à vous apprendre que messer Bindo Altoviti m'a mené voir un portrait fait, de lui, en bronze. Il m'a dit que cette œuvre était vôtre. J'en ai eu grand plaisir, mais j'ai bien trop regretté qu'elle fût exposée sous un mauvais jour. Si elle était éclairée plus raisonnablement, on verrait là quelle belle œuvre vous avez faite.

Michel-Ange à son neveu Leonardo, fils de Buonarroto

Rome, 20 mai 1553

Ta dernière lettre m'apprend que tu as enfin la femme à la maison, que tu en es bien satisfait, que tu me salues de sa part et que tu n'as pas encore soldé la dot. Ta satisfaction me fait le plus grand plaisir et il me semble qu'il faut en remercier Dieu. Pour ce qui est de solder la dot, si tu ne l'as pas, ne la solde point et tiens l'œil bien ouvert parce que de la question d'argent naît toujours quelque discorde. Ces choses ne me regardent pas, mais il me semble qu'à ta place j'aurais voulu arranger tout cela avant que la femme ne fût à la maison. Pour répondre à ses salutations, remercie-la et fais-lui, de ma part, la meilleure proposition que tu sauras faire de vive voix, mieux que je ne saurais l'écrire. Je veux qu'elle soit présentée comme la femme de mon neveu, mais je n'ai pu encore m'en occuper avant qu'Urbin ne fût avec moi. Le voici revenu depuis deux jours et je pense faire quelques présents. On m'a dit qu'un beau bijou de perles précieuses ferait bien. J'ai prié un orfèvre, ami d'Urbin, d'en chercher un. J'espère le trouver, mais n'en dis rien encore à ta femme et, si tu aimes mieux que je fasse autre chose, dis-le-moi. Rien de plus. Pense à bien vivre, et rappelle-toi que bien plus grand est le nombre des veuves que des veufs.

Michel-Ange au même

Rome, 1553

Tu m'apprends que Cassandre est enceinte. J'en éprouve un bien grand plaisir parce que j'espère qu'il nous restera quelque héritier, soit femelle, soit mâle. Quel qu'il soit, nous devrons en rendre grâces à Dieu.

Michel-Ange au même

Rome, mars 1554

J'ai reçu, la semaine passée, une lettre où tu m'écrivais les contentements continuels que te donne Cassandre. Remercions-en

Dieu, d'autant plus que la chose est plus rare. Remercie-la aussi et recommande-moi à elle et si, à Rome, quelque chose lui fait plaisir, apprends-le-moi. Quant aux noms à donner aux enfants que tu attends, je crois que tu ferais bien de choisir celui de ton père, c'est-à-dire Buonarroto si c'est un garçon et celui de notre mère Francesca si c'est une fille. Je m'en remets à toi.

Michel-Ange au même

Rome, avril 1554

J'apprends que Cassandre est près d'accoucher. Si c'est un garçon, je ne sais que te dire, mais j'aimerais bien que le nom de Buonarroto ne manquât pas à la maison, après y avoir déjà duré près de 300 ans.

Michel-Ange au même

Rome, 21 avril 1554

J'apprends que Cassandre est accouchée d'un beau garçon, qu'elle se porte bien et que vous donnez à l'enfant le nom de Buonarroto. De tout cela, j'ai la plus grande joie. Dieu en soit remercié, qu'il le fasse bon afin que ce fils honore et maintienne la maison.

Michel-Ange à messer Giorgio Vasari

Rome, avril 1554

Ne soyez point étonné si je ne vous réponds pas plus promptement, j'agis ainsi pour ne pas ressembler à un boutiquier. Maintenant, je vous dirai que si je méritais une seule de toutes les louanges dont vous m'accablez dans votre dernière lettre, il me paraîtrait qu'en m'étant donné à vous de corps et d'âme, je vous aurais fait un présent de bien peu 220 de valeur, et me serais acquitté de la plus petite partie de la dette que j'ai contractée envers vous. Je reconnais, à tout instant, que je vous dois plus que je ne puis payer ; je suis trop vieux pour espérer jamais de pouvoir égaliser notre compte dans cette vie. Ayez donc un peu de patience.

Je suis tout à vous. Les choses ici restent dans le même état.

Michel-Ange au même

Rome, 19 septembre 1554

Certes, vous direz que je suis un vieux et un fou à vouloir rimer des sonnets, mais, précisément parce que beaucoup disent que je tombe en enfantillage, j'ai voulu faire mon devoir.

À votre lettre, je vois l'amour que vous me portez. Retenez pour certain qu'il me serait cher d'aller faire reposer mes pauvres os auprès de ceux de mon père, ainsi que vous m'en faites prière. Mais si je partais d'ici, je serais cause d'une grande ruine pour la Fabrique de San-Pietro, ce serait grande honte et très grand péché. Quand sera établie toute la composition et qu'elle ne pourra plus être changée, j'espère alors faire ce que vous m'écrivez. En attendant, il n'est pas mal de tenir en échec certains gloutons qui attendent que je m'en aille vite.

Michel-Ange à messer Bartolomeo Ammannati

Rome, 1555

Mon cher ami,

On ne peut nier que Bramante ne fût, en architecture, aussi valeureux que le meilleur, depuis les Antiques. Le premier, il a tracé le plan de San-Pietro, non plein d'obscurité, mais clair et net, lumineux et isolé alentour, de manière à ne nuire à aucune autre ligne du palais. On le retint pour une belle chose — et c'est encore manifeste —, de telle sorte que quiconque s'est écarté de cette ordonnance établie par Bramante, comme l'a fait Sangallo, s'est d'autant éloigné de la vérité. S'il en est ainsi, quiconque le regardera sans passion verra ainsi ce modèle. Sangallo, en arrondissant extérieurement la construction, enlève d'abord toute la lumière au plan de Bramante et, non seulement cela, mais il ne reste pas même de lumière pour son projet. En haut et en bas, il place tant de coins et recoins obscurs, qu'ils favoriseront les infinis rendez-vous des ribauds. C'est à croire qu'il a voulu travailler secrètement pour les bandits, les faux monnayeurs, les nonnes enceintes et autres coquins, en sorte que, le soir, quand l'église se fermera, il y faudra bien vingt-cinq hommes pour chercher qui ne s'y cache pas, et c'est avec peine qu'ils y trouveront quelqu'un s'il y est. Il y aura aussi un autre inconvénient. En circonscrivant le plan de Bramante comme Sangallo le fait à l'extérieur avec son plan supplémentaire, il faudra forcément jeter à terre (pour lui faire place ; la chapelle Pauline, les chambres du Piombo, la Ruota et beaucoup d'autres (bâtisses vaticanes), sans compter la chapelle Sixtine qui ne sera pas épargnée, je le crains. Quant à la partie exécutée de ce cercle extérieur, elle aurait déjà coûté, dit-on, cent mille écus. Cela est invraisemblable, car on peut la faire avec seize mille. On ne perdrait pas grand'chose à la démolir, car les pierres employées aux fondations ne servent à rien. À économiser ce plan, la Fabrique de Saint-Pierre y gagnerait 200.000 écus et trois cents ans de durée. Tel est mon sentiment exprimé sans passion ; s'il est battu en brèche, ce sera avec de fort grandes pertes. Et si vous pouvez faire entendre ces raisons au pape, vous me ferez plaisir. Je ne me sens pas bien. Votre Michelagnollo. Si l'on exécute le modèle de Sangallo, il s'ensuivra encore que tout ce qui aura été fait de mon temps tombera par terre, et ce sera bien grand dommage.

Michel-Ange à messer Giorgio Vasari

Rome, mai 1555

J'ai été employé par force à la Fabrique de San-Pietro et j'y ai servi environ huit ans, non seulement gratuitement, mais encore à mon plus grand dommage et déplaisir. Et, maintenant que l'affaire marche et qu'il y a de l'argent à dépenser, au moment où je vais lever en toute hâte la coupole, si je m'en allais, ce serait la ruine de cet ouvrage. Je porterais la plus grande vergogne à la face de la chrétienté et le plus grand péché sur mon âme. C'est pourquoi, mon cher messer Georges, je vous prie de remercier de ma part le duc pour les belles propositions que vous m'écrivez et de dire à la Signoria que je lui demande la permission et sa bonne grâce, afin de pouvoir continuer ici mon œuvre, de telle sorte que j'en puisse partir en bonne réputation, honneur et sans péché.

Michel-Ange au même

Rome, 22 juin 1555

Ce soir chez moi est venu me trouver un jeune homme très discret et de bien. C'est messer Leonardo [Marinozzi d'Ancône], camérier du duc. Il m'a fait avec grande sympathie et affection, de la part de son seigneur, les mêmes propositions que contenait votre dernière lettre. Je lui ai répondu la même chose qu'à vous, c'est-à-dire que je remercie le duc de sa belle proposition, le mieux que je saurais le faire, et que je prie la Signoria de m'accorder la permission de terminer ici la construction de San-Pietro, jusqu'à son complément final et pour qu'elle ne puisse être changée de forme. Si je partais avant, je serais coupable d'une grande ruine, d'une grande honte et d'un grand péché. Pour l'amour de Dieu et de saint Pierre, je vous prie d'en faire aussi prière au duc, en me recommandant à Sa Seigneurie. Mon cher messer Georges, je sais que vous êtes fait à ma manière d'écrire. Me voici arrivé à ma 24ème heure et la pensée ne me vient pas que j'y doive trouver la mort. Dieu veuille que je la tienne éloignée quelques années encore.

Michel-Ange à son neveu Leonardo, fils de Buonarroto

Rome, 30 novembre 1555

Tu m'apprends la mort de mon frère Gismondo. C'est une bien grande douleur pour moi. Il faut avoir patience et, puisqu'il est mort en toute connaissance et avec tous les sacrements de l'Église, il faut en remercier Dieu. Je suis dans la plus grande affliction. J'ai encore Urbin au lit, bien malade. Je ne sais ce qui en résultera et j'en souffre comme si c'était mon propre fils, car il est resté fidèlement avec moi 25 années et comme je suis vieux, je n'ai plus le temps d'en dresser un autre, à ma guise. Je suis bien affligé… Si tu connais quelque bonne personne dévote, je te prie de la faire prier Dieu pour la santé de mon malade.

Michel-Ange au même

Rome, 4 décembre 1555

Hier soir, 3 décembre, à 4 heures, François, dit Urbin, est passé de vie à trépas, pour mon plus grand malheur. J'en suis si affligé, si abattu, qu'il m'eût été plus doux de mourir avec lui, tant je lui portais d'affection. Et il la méritait bien, car il s'était fait homme de valeur, plein de foi et de loyauté. Il me semble que sa mort me laisse sans vie et je ne me sens plus en paix. C'est pourquoi j'aimerais te revoir, mais je ne sais si l'affection de ta femme te permettra de te mettre en route. Informe-moi si, dans un mois ou un mois et demi, tu peux venir jusqu'ici, bien entendu, toujours avec la permission du duc.

Michel-Ange à messer Giorgio Vasari

23 février 1556

Messer Georges, mon cher ami,
j'écrirai mal. Cependant il faut que je vous dise quelque chose en réponse à votre lettre. Vous savez comment Urbino est mort. Ce fut pour moi une très grande faveur de Dieu et un sujet de chagrin bien

cruel. Je dis que ce fut une faveur de Dieu parce qu'Urbino, après avoir été le soutien de ma vie, m'a appris non seulement à mourir sans regret, mais même à désirer la mort. Je l'ai gardé vingt-six ans avec moi et je l'ai toujours trouvé parfait et fidèle. Je l'avais enrichi, je le regardais comme le bâton et l'appui de ma vieillesse et il m'échappe en ne me laissant que l'espérance de le revoir dans l'autre monde. J'ai un gage de son bonheur dans la manière dont il est mort. Il ne regrettait pas la vie, il s'affligeait seulement en pensant qu'il me laissait accablé de maux au milieu de ce monde trompeur et méchant. Il est vrai que la majeure partie de moi-même l'a déjà suivi, et tout ce qui me reste n'est plus que misères et que peines.

Je me recommande à vous.

Michel-Ange au même

Rome, 28 décembre 1556

[…} J'ai reçu le petit livre de messer Cosimo que vous m'avez envoyé. Veuillez trouver ici mes remerciements pour Sa Seigneurie. Je vous prie de les lui exprimer et de me recommander à lui. J'ai eu, ces jours-ci, à la fois grand en lui et grand plaisir sur les montagnes de Spolète, à y visiter les ermites. Je n'en ai rapporté à Rome que la moitié de moi-même. Vraiment, il n'y a de paix que dans les bois. Rien d'autre à vous dire. Je suis heureux que vous soyez bien portant et joyeux.

Michel-Ange à Cornelia, veuve de Urbino

Rome, 22 juin 1555

Je m'étais bien aperçu que tu t'étais indignée contre moi, mais je n'en trouvais pas la raison. Aujourd'hui, devant ta dernière lettre, il me semble t'avoir comprise. Quand tu m'as envoyé les fromages, tu m'as écrit que tu voulais m'envoyer beaucoup d'autres choses, mais que les mouchoirs n'étaient pas encore prêts. Pour ne pas entrer en dépense à mon sujet, je t'écrivis de ne rien envoyer, mais de me demander quelque chose si tu voulais me faire plaisir sachant, et mieux, devant être certaine de l'affection que je porte encore à Urbino, bien que mort, et à tout ce qui est sien. Quant à venir ici ou à m'envoyer Michelagniolo, il faut que je t'écrive dans quelles difficultés je me trouve. Il n'est pas à propos d'envoyer Michelagniolo, parce que je suis sans femme et sans service et que le petit est encore trop jeune, il pourrait en arriver quelque ennui dont je serais fort mécontent. Il y a aussi que le duc de Florence, depuis un mois, fait grand effort pour que je m'en retourne au pays où ses belles promesses m'attendent. Je lui ai demandé assez de temps pour arranger mes affaires et pour me laisser achever la construction de Saint-Pierre, en sorte que je crois rester encore ici tout cet été prochain. Quand j'aurai dépêché mes affaires et les vôtres, concernant le Mont de la Foi, l'hiver prochain, je m'en retournerai pour toujours à Florence, parce que je suis vieux et que je n'ai plus le temps de revenir à Rome. Je passerai alors par chez toi et, si tu veux me donner Michelagniolo, je le garderai à Florence avec plus d'amour encore que les enfants de mon neveu Leonardo. Je lui enseignerai ce que son père désirait qu'il apprît. Je n'ai eu ta dernière lettre qu'hier, 27 de ce mois.

Michel-Ange à son neveu Leonardo, fils de Buonarroto

Rome, 24 mai 1557

Je suis vieux, comme tu sais, le corps plein de malaises, au point que je ne me sens pas bien loin de la mort. Si au mois de septembre je suis encore vivant, il faudra que tu viennes jusqu'ici pour arranger mes affaires, les nôtres.

Michel-Ange à messer Giorgio Vasari

Rome, mai 1557

Messer Giorgio, mon cher ami,
je prends Dieu à témoin que c'est contre ma volonté et avec la plus grande répugnance que je me chargeai, il y a dix ans, par ordre du pape Paul III, de la construction de Saint-Pierre de Rome et que, si l'on avait continué à y travailler comme on le faisait alors, cet édifice serait aujourd'hui arrivé à un point qui me permettrait d'aller à Florence comme je le désire. Mais le manque de fonds a tout ralenti, précisément au moment où nous sommes arrivés aux parties les plus importantes et les plus difficiles. Si j'abandonnais la partie, je me couvrirais de honte et ce serait, d'ailleurs, un péché de perdre le prix de toutes les peines que j'ai endurées, pendant ces dix années, pour l'amour de Dieu.

Si j'entre dans ces détails, c'est pour répondre à votre lettre et à celle du duc, qui me traite avec tant de bonté que j'en suis grandement touché. J'en rends grâces à Dieu et à Sa Seigneurie, autant que je le sais et que je le puis. Mais je sors de mon sujet, parce que je perds la mémoire et la tête. Écrire devient pour moi une chose d'autant plus pénible que ce n'est pas mon art. Je conclus enfin en vous laissant comprendre ce qui s'ensuivrait, si j'abandonnais la bâtisse de Saint-Pierre ; d'abord je rendrais bien contents beaucoup de fripons, ensuite j'occasionnerais la ruine de ce grand monument qui, peut-être, ne serait jamais achevé.

Michel-Ange au même

Rome, 22 juin 1557

Pour mieux faire concevoir la difficulté que présente cet ouvrage en le prenant à son commencement, il a fallu le diviser en trois voûtes correspondantes aux fenêtres d'en bas, divisées par les pilastres, comme vous voyez, elles vont en forme pyramidale se réunir au point central du faîte de la voûte. Il était nécessaire de les gouverner avec un nombre infini de cintres en bois, changeant si souvent et par tant de côtés, de point en point, que l'on ne peut y tenir une règle sûre. Les ronds et les carrés qui viennent aboutir au centre de leurs fonds ont à diminuer et à croître par tant de côtés, et à aller à tant de points, qu'il est bien difficile d'en trouver le vrai mode. Néanmoins, à l'aide du modèle que j'ai fait, selon ma coutume, on n'aurait jamais dû commettre une aussi grande erreur que celle de vouloir gouverner ces trois coquilles à la fois avec un seul cintre en bois. Il nous reste donc la honte de démolir et redémolir encore un grand nombre de pierres. La voûte, les ornements et les parties inférieures sont en travertin, chose qui n'est pas en usage à Rome. Je remercie de mon mieux le duc pour sa charité. Que Dieu me fasse la grâce de pouvoir encore mettre ma personne au service de Sa Seigneurie. Mais il reste si peu de moi : la mémoire et le cerveau sont allés m'attendre ailleurs.

Michel-Ange au même

Rome, 17 août 1557

Le maître maçon s'est servi de la centina, marquée de rouge, sur le corps de toute la voûte. Lorsqu'on vint ensuite à passer au demi-cercle qui est au faîte de la voûte, il s'aperçut de terreur ce que faisait faire la centina, comme on le voit dans les marques tracées avec du noir sur le dessin. Le travail de la voûte est tellement avancé qu'il faudra démolir un grand nombre de pierres, parce que cette construction est toute en travertin et que le diamètre des cercles est de vingt-deux palmes, sans compter la corniche qui les environne. J'avais fait un modèle tout exprès, comme pour toutes les choses que j'entreprends et cette erreur n'est arrivée que parce que ma vieillesse m'a empêché d'aller visiter souvent les travaux. Je croyais que cette voûte allait être terminée, maintenant elle ne pourra plus l'être de tout ce printemps. Si l'on pouvait mourir de chagrin et de douleur, ce serait tant mieux. Je vous prie d'informer le duc des raisons qui m'empêchent de me rendre à Florence.

Michel-Ange à son neveu Leonardo, fils de Buonarroto

Rome, décembre 1557

J'ai appris la mort de la petite et je n'en suis pas surpris parce qu'il n'y eut jamais, chez nous, plus d'un enfant à la fois.

Michel-Ange à messer Giorgio Vasari

Rome, 28 septembre 1558

Messer Giorgio, mon cher ami,

soyez persuadé que si je pouvais me rappeler la manière dont j'avais combiné l'escalier de la bibliothèque de San-Lorenzo dont on m'a tant parlé, je ne me ferais pas prier pour le dire. Je me rappelle bien, comme on se rappelle un songe, un certain escalier, mais je ne crois pas que ce soit précisément le même que je composai alors, parce que, s'il était ainsi qu'il me revient à l'esprit, ce serait une sottise. Cependant, je vous dirai qu'il me semble que je prenais une quantité de boites ovales, de longueur et de largeur différentes, mais ayant toutes une palme de hauteur. Je posais sur le pavé la plus grande boite, aussi loin de la porte que je voulais que l'escalier fût doux ou dur à monter. Je posais sur celle-là une autre plus petite en tous sens, de manière qu'il y avait, sous la première de dessous, autant d'espace qu'il en faut au pied pour monter, et j'allais ainsi les diminuant et les retirant vers la porte, toujours en montant. Il faut que la dernière marche soit de la même grandeur que le vide de la porte et que ladite partie de l'escalier ovale ait, comme deux ailes, l'une d'un côté et l'autre de l'autre. Suivant les mêmes marches qui ne sont pas ovales, l'une de ces ailes sert à celui qui monte, depuis le milieu jusqu'au-dessus dudit escalier et les retours des deux ailes reviennent au mur. Du milieu et en dessous, jusque sur le pavé, elles s'éloignent du mur, avec tout l'escalier, d'environ 3 palmes, de sorte que la base de la retraite n'est occupée en aucun endroit et reste absolument libre, de tous côtés.

Je vous écris des choses vraiment risibles, mais je sais bien que vous trouverez ce qu'il convient de faire.

Michel-Ange à messer Bartolomeo Ammannati

Rome, 15 janvier 1559

Je vous ai écrit que j'avais fait un petit modèle, en terre, de l'escalier de la Libreria. Je vous l'envoie dans une boite. En si petite dimension, je ne puis vous adresser que l'idée, me rappelant que ce que je vous avais déjà donné était isolé et ne s'appuyait qu'à la porte de la Bibliothèque. Je m'en suis tenu au même modèle. Je ne voudrais pas que les escaliers qui laissent le principal au milieu aient, aux extrémités, des balustrades comme il s'en trouve au principal, mais il faudrait, entre chaque degré, un siège comme je l'ai indiqué dans les ornements. Je n'ai à vous parler ni de bases, ni de cimaises, ni de corniches, parce que vous êtes un vaillant artiste et que, sur place, vous en verrez mieux la nécessité que je ne le fais moi-même. Gênez le moins que vous pourrez la hauteur et la largeur de l'escalier en restreignant et en élargissant ce qui vous paraîtra nécessaire. Mon avis est que si cet escalier se faisait en bois, c'est-à-dire en beau noyer, il viendrait mieux qu'en pierre et s'harmoniserait mieux avec les bancs, le balcon et la porte. Rien de plus.

Je suis tout vôtre, vieux, aveugle, sourd et mal d'accord avec mes mains et toute ma personne.

Michel-Ange à messer Giorgio Vasari

Rome, avril 1559

Giorgio, mon cher ami,

j'ai pris un très grand plaisir à lire votre lettre, ayant vu que vous vous souveniez du pauvre vieux. Vous avez assisté à la fête qu'on a donnée pour la naissance d'un nouveau Buonarroti. Je vous rends grâce de ces détails autant qu'il est en mon pouvoir, mais une telle pompe me déplaît parce que l'homme ne doit pas rire lorsque tout le monde pleure. Il me semble que Lionardo ne devrait pas faire tant de réjouissances pour un enfant qui vient de naître, on doit conserver cette allégresse pour la mort de celui qui a bien vécu.

Michel-Ange à son neveu Leonardo, fils de Buonarroto

20 mars 1560

J'ai reçu les pois rouges et blancs et les haricots. Ils m'ont fait bien plaisir, encore qu'il me soit bien difficile de faire carême, vieux comme je le suis. Je t'ai écrit, il y a plus d'un mois, que tu viennes ici. Je te rappelle que, après la seconde quinzaine de mai prochain, je t'attendrai. Si tu ne peux venir, avise-m'en.

Michel-Ange au cardinal Di Carpi

Rome, 13 septembre 1560

Messer Francesco Bandini m'a rapporté, hier, que Votre Seigneurie Illustrissime et Revérendissime lui avait dit que la construction de Saint-Pierre ne pouvait aller plus mal. Ce propos m'a vraiment peiné, soit parce que vous avez été mal informé, soit parce que, comme c'est mon devoir, je désire, plus que tout autre au monde, que ces travaux marchent bien. Je crois, si je ne me leurre, pouvoir vous assurer que l'on ne saurait mieux y travailler qu'on ne le fait à cette heure. Mais il se peut que mes propres intérêts et la vieillesse me trompent facilement. Aussi, pour affirmer mes intentions les meilleures de ne pas porter dommage et préjudice à cette construction j'entends, le plus tôt que je le pourrai, demander mon congé au Saint-Père. Et même, pour gagner du temps, je veux supplier Votre Seigneurie Illustrissime et Revérendissime de se donner la satisfaction de m'enlever cette responsabilité que, par ordre des papes, comme vous le savez, j'ai volontiers et gratuitement assumée, depuis dix-sept ans. Au cours de ce temps, on peut aisément voir quelle fut la part de mon œuvre dans cette construction. En lui redemandant la grâce de mon congé, je vous prie de croire que, pour une fois, vous ne sauriez me faire une plus singulière faveur.

En toute révérence je baise humblement la main de Votre Seigneurie Illustrissime et Revérendissime.

Michel-Ange aux Surintendants de la Fabrique de Saint-Pierre

Rome, 1560

Vous savez que j'ai dit à Balduccio qu'il n'envoyât pas sa chaux si elle n'était pas bonne. Maintenant, comme il l'a envoyée mauvaise, sans douter qu'il aurait à la reprendre, on peut croire qu'il a pactisé avec qui l'a reçue. C'est une grande faveur faite à ceux que j'ai chassés de la fabrique pour un tel compte, car qui accepte les mauvais matériaux nécessaires à la construction, quand je les ai prohibés, ne fait autre que de se chercher des amis parmi ceux dont je me suis fait des ennemis. Je crois que ce sera motif d'une ligue nouvelle. Les promesses, les pourboires, les présents, corrompent la justice. Aussi je vous prie dorénavant, au nom de l'autorité que je tiens du pape, de n'accepter aucun matériel qui ne soit acceptable, quand même il viendrait du ciel, afin que je ne passe pas pour l'homme partial que je ne saurais être.

Michel-Ange aux mêmes

Rome, novembre 1561

Messieurs,

Étant vieux et voyant que César, un des surintendants de la Fabrique de Saint-Pierre, est aussi occupé à ses fonctions et aux choses de la Fabrique, que les hommes restent le plus souvent sans tête, il m'a paru nécessaire de lui donner comme aide Luigi de Gaëta dont je reconnais la personne honorablement utile à la construction. Coutumier de la bâtisse et attaché à ma maison, il pourra m'aviser, chaque soir, de ce qui aura été fait pendant le jour. Vos Seigneuries voudront bien lui faire ordonnancer son mandat pour sa provision, commencée le 1er de ce mois, et l'augmenter du traitement de César. Autrement, je le payerai de mon argent. Car j'ai résolu qu'il en soit ainsi, reconnaissant le besoin et l'utilité de ce secours pour la Fabrique de Saint-Pierre.

Michel-Ange à son neveu Leonardo, fils de Buonarroto

Rome, 21 août 1563

Je vois par ta lettre que tu prêtes foi à certains envieux et méchants qui, ne pouvant m'escamoter ni me voler, t'écrivent des mensonges. C'est une poignée de gloutons. Et tu es assez sot pour ajouter foi à leurs histoires, comme si j'étais un enfant. Chasse-moi ces gens-là de devant comme des scandaleux, des envieux et de tristes viveurs. Tu me parles de gouvernement tyrannique et d'autres choses. Quant au gouvernement, je te dirai que je n'en pourrais avoir de meilleur, je ne saurais être plus fidèlement traité en toutes choses. Quant à être volé de ce que je crois que tu veux dire, je te répondrai que j'ai à la maison un monde en qui je peux pleinement me confier. Charge-toi de ta vie et ne t'occupe pas de la mienne parce que dans mes besoins je sais me garder et je ne suis pas un enfant. Porte-toi bien.

Michel-Ange au même

Rome, 28 décembre 1563

Ta dernière lettre m'est arrivée avec 12 marzzolini beaux et bons dont je te remercie. Je me réjouis de votre bonne santé. La mienne va de même. J'ai reçu précédemment plusieurs de tes lettres et, si je n'y ai pas répondu, c'est parce que la main ne me sert plus. Désormais, je ferai écrire par quelqu'un et je signerai. Rien de plus.

Sommaire